Marcus Schmieke

Dein kosmischer Bodyguard

«Die persönlichen Schutzgottheiten entdecken»

Vedische «Zaubermittel» schützen Körper, Geist und Seele vor Unglück und Gefahren

WINDPFERD

Wichtiger Hinweis: «Dein kosmischer Bodyguard» macht die Betreuung durch einen Arzt, Heilpraktiker oder Psychotherapeuten nicht überflüssig, wenn der Verdacht auf eine ernsthafte Gesundheitsstörung besteht. Die Informationen in diesem Buch sind nach bestem Wissen und Gewissen dargestellt. Die Autoren und der Verlag übernehmen jedoch keine Haftung für irgendwelche Schäden, die aus dem richtigen oder unrichtigen Gebrauch der in diesem Buch vorgestellten Methoden hervorgehen könnten. Diese sind zur Information und zur Weiterbildung gedacht.

1. Auflage 2002

Lektorat: Sylvia Luetjohann
Umschlaggestaltung: Kuhn Grafik, Digitales Design, Zürich
Bilder und Zeichnungen im Innenteil: Katarina Schmieke
Gesamtherstellung: Schneelöwe, Aitrang

ISBN 3-89385-378-2

Printed in Germany

Inhaltsverzeichnis

Dein kosmischer Bodyguard

Mir diesem Buch wird im Westen erstmals ein Jahrtausende altes, von Generationen erprobtes System des Schutzes und der karmischen Transformation vorgestellt, das auf den spirituellen Geheimnissen der vedischen Astrologie beruht.

Nach dieser Tradition wird jeder Mensch ein Leben lang von einem feinstofflichen Schutzschild begleitet, der auch *Kavaca* genannt wird, und ihn nicht nur vor Gefahren und Unglück bewahren konnte, sondern ihn auch bei allen Transformationsprozessen hin zu spirituellem Wachstum unterstützt.

Die Kraft dieses Kavaca-Schutzschildes fließt durch den persönlichen Aszendenten, jenes Sternzeichen, das gleichzeitig mit uns am östlichen Horizont «geboren» wird. Dieser Schutzschild gleicht einem «Sternentor», einer Art Bewacher, der die universellen Lebensenergien, die uns ein Leben lang mit Kraft und Energie versorgen, für uns in einem ganz bestimmen Licht erscheinen lässt.

Durch dieses zum Zeitpunkt unserer Geburt am östlichen Horizont aufsteigende Sternzeichen wirken für jeden von uns bestimmte Planeten in positiver Weise, sie manifestieren sich als unsere Helfer und Heiler; andere Planeten dagegen zeigen sich für uns von ihrer Schattenseite, repräsentieren sich als Spiegelbild unserer eigenen negativen Energien, stellen uns vor immer neue Herausforderungen.

Auf diese Weise können die Kräfte der Planeten Leid und Schicksalsschläge verursachen und wir benötigen einen *spirituellen Bodyguard*, der uns stärkt und beschützt – gegen «Angriffe» von innen und außen.

Deshalb zeige ich dir hier ein System, mit dem du die Kraft deiner positiven Planeten stärken und die Herausforderungen der dich bedrohenden Planeten transformieren kannst. Das Wissen um die fünf vedischen «Zaubermittel» wird auf diese Weise zu deinem spirituellen Bodyguard, der dich nicht nur vor Gefahren und Unglück beschützt, sondern dir gleichzeitig zu spirituellem Wachstum verhilft.

Die Essenz dieses Systems besteht darin, dich auf die spirituelle Form der neun Planetengottheiten zu konzentrieren – auf die Helfer ebenso wie auf die Herausforderer. Indem wir unser Bewusstsein mit Hilfe von Mantras und Yantras auf die spirituelle Form der Planetensymbole richten, verlieren sie ihren schicksalhaften Einfluss und leiten uns zur Quelle unseres spirituellen Potenzials.

Die spirituellen Attribute der Planeten verbinden sich mit den ihnen zugeordneten Mantras und Yantras sowie der Anwendung von Farben, Edelsteinen und tätigem Mitgefühl zu einem wirkungsvollen Schutzschild.

Wie unser persönlicher Bodyguard beschaffen ist, das heißt, welche Kräfte für uns helfend und welche herausfordernd in Erscheinung treten und die richtige Anwendung der entsprechenden vedischen «Zaubermittel», genau das erfährst du in diesem Buch.

Ich wünsche dir viel Freude dabei, deinen persönlichen kosmischen Bodyguard kennen zu lernen. Alles andere überlasse ich ihm: Er wird dir zeigen, wie du deinen persönlichen Kavaca-Schutzschild gebrauchst.

Dein

Marcus Schmieke

Danksagung

Dieses Buch konnte nur mit der Hilfe zahlreicher Freunde entstehen.

Mein besonderer Dank gebührt Prof. Choudhry für seine einfache und klare Lehre, Paramjyothi Dasa, der mich mit diesem Wissen in Kontakt brachte, und Amrita für ihre inspirierenden Ideen.

Dank auch meiner Frau Katarina für die zahlreichen Grafiken und meiner Verlegerin Monika Jünemann für ihre unschätzbaren Anregungen und Beiträge zu diesem Buch.

Der Aszendent – unser «Tor zu den Sternen»

«Dein kosmischer Bodyguard» stellt ein System vor, das einen ganz einfachen und sehr schnell zu erlernenden Zugang zu einem wichtigen Aspekt der indischen Astrologie ermöglicht: dem persönlichen Aszendenten.

Und mehr als das: Es liefert uns auf der Grundlage unseres Aszendenten zugleich fünf vedische «Zaubermittel», Körper, Geist und Seele vor Gefahren zu schützen, Schwächen zu heilen und unsere spirituelle Entwicklung zu fördern.

Eingebunden in die Rhythmen des Lebens

Die indische Astrologie umfasst ebenso die grundlegende Struktur wie die Bewegungen des Universums. Seine Sprache ist universal; es ist die Sprache der kosmischen Energie, die sich auf alle Bereiche des Lebens übertragen lässt.

Die Rishis, die alten Weisen Indiens, drückten es so aus: Ohne das Verständnis der großen Bedeutung der Bewegungen und Rhythmen, in die unser Planet, unser Leben eingebettet ist, können wir keine vollkommene Weisheit erlangen. Das Studium der Planeten und ihrer Beziehungen ist ein grundlegendes Medium zur Erlangung von Weisheit, zur Selbsterkenntnis, zur Erkenntnis des kosmischen Wesens in uns. Wir sind Teil der Welt der Sterne und Planeten, sie spiegeln unsere Verbindung zum großen Ganzen.

Aus diesem Grunde ist es heute so wichtig, die Bedeutung der Planeten und der ihnen zugeordneten Gottheiten für unsere spirituelle Entwicklung wieder neu zu entdecken. Ob die Himmelskörper nun Quelle des Lichts (Sonne) sind oder ein Spiegel (Mond) desselben oder magnetische Felder in einem unendlichen Schwingungsnetz, immer werden sie eine Verbindung herstellen zu jedem einzelnen Lebewesen, immer werden sie auch in dir und mir und allen anderen präsent sein.

Im Mittelpunkt steht dabei die Zeit. Sie ist die Herrin aller Wandlungen, sie trägt unser Schicksal und unsere Chancen, setzt es in Bezug zu Möglichkeiten und Herausforderungen. Rhythmische Zeitabläufe begleiten unseren Weg: Tage, Monate, Jahreszeiten und Jahre. Die Astrologie ist die Wissenschaft der Möglichkeiten in der Zeit; die Veden beschreiben dies als *Kala Vidya.*

Durch die Drehung der Erde um ihre eigene Achse werden die Tage erschaffen; die Drehung des Mondes um die Erde erschafft die Monate. Die Bewegung der Erde um die Sonne begrenzt das Jahr. Aber hier ist noch lange nicht Schluss: Große Kreisläufe, die Zeitalter oder *Yugas,* sind Teil weitaus umfassenderer Weltenzeiten.

Erkenne das Zeichen am östlichen Himmel

Dieses Buch geht nun den ersten Schritt mit dir, öffnet die erste Tür in die phantastische Welt des astralen Logos: die Drehung der Erde um ihre eigene Achse. Alle zwei Stunden geht dabei am östlichen Horizont ein neues Sternzeichen auf, der Aszendent.

Jeder Mensch hat seinen persönlichen Aszendenten: das zur Minute seiner Geburt am östlichen Himmel aufsteigende Sternzeichen. Und hier wird uns klar: Jede Minute im Lauf der Zeit besitzt ihre ganz spezielle Qualität und diese Qualität ist für den soeben geborenen Menschen ein Spiegel der kosmischen Qualitäten zum Zeitpunkt seiner Geburt – Schwingungen, die ihren einzigartigen Fingerabdruck des gerade geborenen Lebens hinterlassen. Von nun ab ist unser Schicksal besiegelt, oder drückt man es interaktiv aus: Die Synchronizität der Ereignisse hat ein neues Muster geschaffen.

«Dein kosmischer Bodyguard» ist ein schöner Name für die «Lehre von Schutz und Heilung für die verschiedensten Lebensbereiche». Die Astrologie benennt zwölf Lebensbereiche, zwölf Häuser, wobei die Zählung beim Aszendenten, dem Anfangsgrad des 1. Hauses, beginnt und dann in Richtung der Sonnenbewegung erfolgt.

In der westlichen Astrologie ist das Sternzeichen, in dem sich die Sonne zum Zeitpunkt der Geburt befindet, der wichtigste Ausgangspunkt für alle weiteren Betrachtungen des Horoskops. Im vedischen System kommt diese Bedeutung dem Aszendenten zu, gefolgt vom Mond und dann erst von der Sonne und den weiteren Planeten.

In diesem Buch werden wir uns nur mit dem ersten grundlegenden Ausgangspunkt beschäftigen: dem Aszendenten. Auch du wirst gewiss verblüfft sein, welche umfassenden Betrachtungen sich allein aus seiner Bestimmung ergeben. Und was ebenso wichtig ist: Man kann nicht nur

Erkenntnisse daraus gewinnen, sondern auch konkrete Ratschläge und Hilfsmittel erhalten für die Heilung, also Ganzwerdung «dissonanter Planetenwirkungen», die es – je nach Sichtweise beziehungsweise Grad der persönlichen spirituellen Entwicklung – ebenfalls gibt.

Ist der Zeitpunkt der Geburt bekannt, kann man aus dem Leben jedes Einzelnen wie aus einem offenen Buch lesen. Das Buch des Lebens ist aber auch das Buch der Zeit: ein offenes Geheimnis. Um seinen Wert im ganzen Umfang für uns erkennen zu können, werden wir zuerst lernen, darin zu lesen.

Ein Planet – und zwei Gesichter

Das Buch der Zeit wird regiert von den Göttern der Zeit: den Planeten. So erhält jeder Mensch durch das zu seiner Geburt am östlichen Horizont aufsteigende Sternzeichen alle neun Planetengottheiten zur Seite gestellt, deren sich einige für ihn als hilfreiche Begleiter erweisen und von denen andere als sehr herausfordernd, weshalb sie auch als «Übeltäter» bezeichnet werden. Jeder Planet kann sich sowohl von seiner Seite als wohlwollender Beschützer zeigen wie auch als großer Herausforderer auftreten. Das hängt allein von unserem Bodyguard ab, unserem Aszendenten-Schutzschild. Mit der Kenntnis unseres Aszendenten erfahren wir, welcher Planet sich für uns von seiner förderlichen beziehungsweise herausfordernden Seite zeigt. Unseren Aszendenten – um sogleich damit praktische Erfahrungen zu sammeln – können wir in den im Anhang befindlichen Tabellen (s. Seite 196 f.) sofort ablesen.

Die Planeten sind die Götter unseres Karma; ihre Licht- oder Schattenseite wird unser Schicksal maßgeblich bestimmen. Es gibt Planeten, die bereits von ihrer Natur her immer schwierig, herausfordernd sind. Sie werden deshalb in der traditionellen vedischen Astrologie generell als Übeltäter bezeichnet, dazu gehören Rahu und Ketu. Daneben gibt es auch die von ihrer Natur aus guten Planeten oder Wohltäter. Da der Kosmos die Begriffe «gut» oder «böse» nicht kennt, hängt ihre Einschätzung immer von unserem Bild ab, das wir uns von ihnen erschaffen. So kann ein so genannter Übeltäter eventuell Hindernisse auf der weltlichen Ebene schaffen, jedoch die für eine spirituelle Entwicklung notwendigen Anstöße initiieren – und damit im Tieferen positiv wirken. Davon unabhängig werden wir das Zusammentreffen solch negativer Art mit den kosmischen Energien oft in Form von Verlusten, Krankheiten, Auseinandersetzungen und so weiter erleben. Dann sind die Planeten Botschafter traumatischer Erfahrungen in unserem Leben.

In der vedischen Astrologie kann jeder Planet «Wohltäter» oder «Übeltäter» sein, was vom jeweiligen Aszendenten abhängt. Ein Planet ist innerhalb dieses Systems also nicht grundlegend, das heißt, von seinem Wesen her positiv oder negativ, sondern immer nur in der persönlich geprägten Verbindung zum Aszendenten, der unsere Beziehung zum Kosmos und seinen Repräsentanten, den Planeten, abbildet. Deshalb wird hierfür auch die Bezeichnung «funktional» gebraucht.

Die Unterscheidung zwischen funktionalen Wohl- und Übeltätern bildet die Grundlage für den Kavaca-Schutzschild und die weiteren Ausführungen dieses Buches.

Wenn du dich entsprechend deinem eigenen Aszendenten mit der funktionalen Natur deiner Planeten vertraut machst, wird dir das helfen, die Hinweise dieses Buches in deinem Leben anzuwenden. Die systematische Erklärung, warum für einen bestimmten Aszendenten einige Planeten einen funktional positiven und andere Planeten einen funktional negativen Charakter besitzen, folgt im nächsten Kapitel. Vorab kannst du aber schon in der Aszendententabelle ab Seite 196 deinen eigenen kosmischen Bodyguard nachschlagen, damit du mit den folgenden Hinweisen bereits persönlich arbeiten kannst. Das Kapitel «Die Grundlagen der vedischen Astrologie» (Seite 17 – 36) soll eine tiefere Bewusstmachung der diesem System zugrunde liegenden Beziehungen ermöglichen. Danach wirst du die fünf Arten von vedischen Hilfsmitteln – auch «Zaubermittel» genannt – kennen lernen, mit deren Hilfe du die Gegebenheiten, die durch deinen Aszendenten bestimmt werden, bestmöglich optimieren kannst. Das bezieht sich auf die materielle, aber gleichzeitig auch auf die spirituelle Seite deines Lebens, nämlich die wahrhaft wesentlichen Herausforderungen der irdischen Realität zu verstehen und dadurch zur Selbsterkenntnis und zum Schöpfer zu finden.

Die Aszendenten mit ihren funktional negativen und positiven Planeten

Aszendent	Planeten funktional negativ	Planeten funktional positiv
Widder	Merkur, Rahu und Ketu	Sonne, Mond, Mars, Jupiter, Venus, Saturn
Stier	Venus, Jupiter, Mars, Rahu und Ketu	Sonne, Mond, Merkur, Saturn
Zwillinge	Rahu und Ketu	Sonne, Mond, Mars, Merkur, Jupiter, Venus, Saturn
Krebs	Saturn, Jupiter, Rahu und Ketu	Sonne, Mond, Mars, Merkur, Venus
Löwe	Mond, Rahu und Ketu	Sonne, Mars, Merkur, Jupiter, Venus, Saturn
Jungfrau	Saturn, Mars, Sonne, Rahu und Ketu	Mond, Merkur, Jupiter, Venus
Waage	Merkur, Rahu und Ketu	Sonne, Mond, Mars, Jupiter, Venus, Saturn
Skorpion	Mars, Venus, Rahu und Ketu	Sonne, Mond, Merkur, Jupiter, Saturn
Schütze	Mond, Rahu und Ketu	Sonne, Mars, Merkur, Jupiter, Venus, Saturn
Steinbock	Sonne, Jupiter, Rahu und Ketu	Mond, Mars, Merkur, Venus, Saturn
Wassermann	Mond, Merkur, Rahu und Ketu	Sonne, Mars, Jupiter, Venus, Saturn
Fische	Sonne, Venus, Saturn, Rahu und Ketu	Mond, Mars, Merkur, Jupiter

Schutz und Hilfe auf dem Lebensweg

Die Verletzungen, die unsere funktionalen Übeltäter uns zufügen können, sind letztlich Herausforderungen, die uns auf unsere eigentlichen Lebensaufgaben hinweisen. Doch auch diese möglichen «Verletzungen» können wir zum großen Teil vermeiden, wenn wir mit offenem inneren Auge durch das Leben gehen und dabei Selbsterkenntnis entwickeln. Die große Unterstützung, die wir mit diesem System erhalten, liegt darin, mit ihrer Hilfe im großen Buch des Lebens lesen zu können und dadurch zu sehen, mit welchen Energien wir konfrontiert sind.

Wie es heißt, soll in der Palmblatt-Bibliothek das Leben jedes einzelnen Menschen von der Geburt bis zum Verlassen des Körpers bereits vorgezeichnet sein. Kenntnis von der Astrologie zu haben ist einer Landkarte in neuem unsicherem Gebiet vergleichbar. Man hat immer die Wahl des richtigen und damit besten Weges, auch wenn die Gegebenheiten abenteuerlich neu und herausfordernd sind.

Auch «Der kosmische Bodyguard» ist solch eine Landkarte: Wir erkennen mit Hilfe des Kavaca-Schutzschildes die Helfer auf unserer Reise und ebenso jene Herausforderer, die uns begegnen werden. Zudem gibt er uns Hilfsmittel in die Hand, jene Wegbegleiter zu identifizieren, die uns helfen können, um sie zur rechten Zeit einzuladen, uns auf der Reise zu begleiten und uns ihre Unterstützung zuteil werden zu lassen. Andererseits erkennen wir auch so genannte «falsche Freunde» – Kräfte, die wir in Schach halten müssen, damit sie uns nicht schwächen und somit in große Gefahr bringen.

Wir sind Teil des kosmischen Tanzes, die Choreografie ist bereits geschrieben. Jetzt geht es darum, unseren Part zu erkennen und bestmöglich zu unserer persönlichen Entwicklung sowie zum Wohle anderer Menschen und Lebewesen und letztlich des gesamten Kosmos zu entfalten, denn wir erzeugen mit unseren Gedanken, Emotionen und Handlungen Schwingungen, die in die Welt hinein wirken. Darin liegt unsere Freiheit der Verantwortung.

Planeten – Wesen und Funktion

Die Menschen der alten Zeit verehrten die Planetenkräfte als Götter. Sie zeigten damit ihre Ehrerbietung gegenüber einer kosmischen Intelligenz und heiligten die aller Existenz zugrunde liegenden Gesetze.

Die Planeten können für uns zu Symbolen für die Möglichkeiten der spirituellen Entwicklung und für die Erweiterung des Bewusstseins werden. Wenn wir uns mit jenen Energien vertraut machen, die durch sie repräsentiert werden, unterstützen wir den Entwicklungsprozess unseres Bewusstseins. Sobald uns dies gelingt, werden wir nicht mehr wie gebannt auf positive oder negative Aspekte der Planeten starren, sondern das Muster unseres eigenen Lebens, eingebunden in ein weitaus größeres kosmisches Muster, verstehen.

Wir sind Teil des Ganzen und werden Schicksal oder Chance unseres Lebens weniger persönlich nehmen, sondern vielmehr die Astrologie als ein *Sternentor* betrachten, das uns eine neue Dimension öffnet und uns den Weg zu einem kosmischen Leben bahnt.

Um das Netzwerk von Planetenbeziehungen im Horoskop eines Menschen zu verstehen, ist es hilfreich, sich schrittweise mit den wirkenden Kräften vertraut zu machen. Am besten beginnt man damit, die Persönlichkeit jedes einzelnen Planeten kennen zu lernen.

Die Planeten werden nachfolgend ganz kurz beschrieben, um dir einen ersten Überblick zu geben. Falls du gleich mehr über sie erfahren möchtest, dann lies im Kapitel über astrologische Grundlagen, ab Seite 17 nach. Weitere Aspekte der Planeten sind unter «Die spirituelle Bedeutung der Planeten», ab Seite 79 beschrieben.

Die **Sonne** repräsentiert als König unter den Planeten das Selbst und die Vitalität eines Menschen, steht jedoch auch für dessen Status und Willenskraft.

Der **Mond** steht als Königin unter den Planeten für den Geist, die Emotionen und die höhere Weiblichkeit und Energie der Mutter.

Mars ist als General unter den Planeten eine Quelle unersättlicher Energie und Lebensmutes und beherrscht als solcher unsere Initiativen, Unternehmungen und Auseinandersetzungen im Leben.

Merkur gilt als Prinz unter den Planeten und gleichzeitig als Signifikator für die analytische Intelligenz, die Fähigkeit zu lernen, und steht außerdem für Kinder und Handel.

Jupiter repräsentiert als Priester unter den Planeten und als die Verkörperung göttlicher Gnade und spiritueller Neigungen alle Geschenke, die wir im Leben bekommen.

Venus gilt als Göttin der Liebe, des Luxus und der angenehmen Seiten des Lebens, die uns Leidenschaft, Liebe, Reichtum und einen Sinn für das Schöne im Leben gibt.

Saturn sorgt als Diener unter den Planeten für Beständigkeit, Disziplin und Einfachheit und vermittelt die Vergänglichkeit des materiellen Daseins.

Die beiden Mondknoten **Rahu** und **Ketu** stellen die schwierigsten Einflüsse im Leben eines Menschen dar. Während Rahu das Bewusstsein materiell bedeckt, inspiriert das durch Ketu erfahrene Leid zu spirituellem Wachstum.

Um es nochmals zu wiederholen: Da Freude und Leid niemals voneinander zu trennen sind und beide zu einem erfüllten Leben gehören, sind damit die so genannten feindlichen Planeten nicht schlecht und die guten Planeten nicht einfach nur gut. Die so genannten negativen Planeten können durch das Leid, das sie verursachen, unter Umständen mehr zur Entwicklung eines Menschen beitragen als die so genannten positiven Planeten.

Trotzdem strebt jeder von uns danach, wo immer möglich Leid zu vermeiden und viel Energie darin zu investieren, Glück zu finden. Da ein großes Maß an Leid, Krankheit und Unglück einen Menschen davon abhalten kann, sein Leben zur Selbst- und Gotteserkenntnis zu nutzen, ist es von einer höheren spirituellen Warte aus gesehen förderlich, unnötiges Leid zu vermeiden und ein Leben von Zufriedenheit und Glücklichsein anzustreben.

Wie der vedische Aszendent ermittelt wird

Da sich die Erde innerhalb eines Tages einmal um die eigene Achse dreht, scheint sich dieser Himmelskreis, der von Tausenden von Fixsternen gebildet wird, in dieser Zeit einmal um die Erde zu drehen.

Diese scheinbare Drehung resultiert aus der Rotation der Erde in Bezug zum feststehenden Sternenhimmel. Könnten wir die uns umgebende Sternenwelt von einem beliebigen Ort der Erde aus beobachten, so würden wir etwa alle zwei Stunden ein neues Sternbild am östlichen Horizont aufgehen sehen. Ebenso wie die Sonne alle 24 Stunden, jeden Morgen, am östlichen Horizont erscheint und alle 24 Stunden, jeden Abend, am westlichen Horizont wieder verschwindet, so erhebt sich alle 24 Stunden am östlichen Horizont wieder dasselbe Sternbild, dem dann im Abstand von etwa zwei Stunden die anderen Sternbilder folgen.

Dasjenige Sternzeichen, das zur Zeit der Geburt eines Menschen am Horizont aufgeht, ist sein Aszendent.

Für die Anwendung der vedischen «Zaubermittel» musst du deinen vedischen Aszendenten kennen. Wenn du deinen Aszendenten entsprechend der westlichen Astrologie bereits kennst, beispielsweise die Sonne im Krebs und den Aszendenten Steinbock hast, dann ist nicht gesagt, dass auch dein vedischer Aszendent im Steinbock ist. Das hat folgende Bewandtnis, die ich hier nur ganz kurz erklären möchte:

Die westliche Astrologie arbeitet mit dem so genannten *tropischen* Himmelskreis, der sich an dem Punkt der Frühlings-Tag-und-Nacht-Gleiche (Äquinoktium) als Beginn des Tierkreises orientiert. Dieser Punkt, der dem Sternbild Widder bei 0° entspricht, wandert jedoch mit einer Geschwindigkeit von ca. 1° pro 72 Jahre in die entgegengesetzten Richtung der normalen Planetenbewegung. Das Wort tropisch (umkehren) weist darauf hin, dass sich die westliche Astrologie bei der Festlegung der Tierkreiszeichen an der Umkehrung der Bewegung der Sonne in Beziehung zur Erde orientiert.

Die vedische Astrologie verwendet jedoch einen Tierkreis, der gegenüber den von den Fixsternen gebildeten Sternzeichen unbeweglich ist. Er wird als der *siderische* Tierkreis bezeichnet. Siderisch bedeutet «in Beziehung zu den Sternen», was darauf hindeutet, dass sich die vedische Astrologie bei der Definition der Tierkreiszeichen strikt an die tatsächliche astronomische Lage der Fixsterne am Firmament hält. Vor ca. 1700 Jahren waren beide Darstellungen miteinander identisch. Heute haben sie sich jedoch mittlerweile um ca. 23° 53′ voneinander entfernt, wobei die Berechnungsmethode von Lahiri zugrunde gelegt wurde. Diese Berechnungsmethode basiert auf der Annahme, dass historisch gesehen die letzte Übereinstimmung des siderischen und tropischen Tierkreises 285 n. Chr. stattfand. Dieses Ereignis findet einmal in 25.800 Jahren statt, dem Zyklus der Rotationsbewegung der Erdachse gegenüber der Ekliptik, also der Ebene, in der sich Sonne und Erde bewegen.

Wenn du also deinen mit Hilfe der westlichen Astrologie ermittelten Aszendenten in deinen vedischen Aszendenten umrechnen möchtest, musst du von der Gradzahl deines westlichen Aszendenten 23° 53′ abziehen.

In den meisten Fällen verschiebt sich der Aszendent hierdurch um ein Zeichen zurück, das heißt, aus einem Steinbock wird ein Schütze und aus einem Löwen ein Krebs. Das hängt jedoch ganz und gar davon ab, ob du am Anfang oder eher am Ende der Zeitphase eines Aszendenten geboren bist.

Bitte verwechsle aber nicht den Aszendenten mit dem Sonnenzeichen, also dem Zeichen, in dem die Sonne zum Zeitpunkt der Geburt stand. Auch dieses verschiebt sich nach dem gleichen Muster beim Übergang von der westlichen zur vedischen Astrologie. Dein Sonnenzeichen wird im weiteren Verlauf dieses Buches jedoch nicht weiter benötigt.

Du wirst dich vielleicht fragen, welcher Aszendent nun der richtige für dich ist, der westliche oder der vedische. Beide Systeme haben ihre Berechtigung und werden jeweils von vielen erfolgreichen Astrologen angewandt. Sie erzeugen etwas andere Beziehungsmuster zwischen den Planeten und dringen daher in leicht unterschiedliche Ebenen der karmischen Zusammenhänge ein. Es hat sich jedoch in der Erfahrung gezeigt, dass der siderische Zodiak sich hervorragend dafür eignet, um exakte Voraussagen über Ereignisse im Leben eines Menschen zu machen.

Wichtig ist, dass man in einem System bleibt und nicht Methoden und Definitionen beider Systeme vermischt.

Du kannst dich im folgenden Kapitel nun mit den weiteren Grundlagen der vedischen Astrologie vertraut machen oder das System gleich praktisch erproben, indem du die vedischen «Zaubermittel» ab Seite 37 kennen lernst.

Die Grundlagen der vedischen Astrologie

Der Aszendent, als das am östlichen Horizont zum Zeitpunkt der Geburt aufgehende Tierkreiszeichen, bildet in der vedischen Astrologie den Ausgangspunkt aller Betrachtungen der Planetenstellungen.

Der Aszendent bestimmt zu einem großen Teil das Beziehungsgefüge der Planeten eines Horoskops und über ihn definieren sich die Lebensbereiche, in denen sich die Energien der Zeichen und Planeten manifestieren. Dieses Beziehungsgefüge wird hier «kosmischer Bodyguard» genannt – man könnte sagen, so wie jeder Mensch seinen Körper und seine Lebensbereiche, sein eigenes Haus, beschützt. Der kosmische Bodyguard, der die Stärken und Schwachstellen kennt, wird über den Aszendenten definiert. Ist er einmal bekannt, können wir mit Hilfe der in diesem Buch vorgestellten vedischen «Zaubermittel» unseren persönlichen Kavaca-Schutzschild aufstellen.

Damit du die Zusammenhänge besser nachvollziehen kannst, folgt nun ein wenig Hintergrundinformation aus der vedischen Astrologie, die diesem System zugrunde liegt. Damit wird ein Teil des Beziehungsgefüges offen gelegt, der sich hinter den Zusammenhängen von funktional positiven und funktional negativen Planeten in Verbindung mit Aszendent, Planet, Planetenherrscher u. a. ergibt.

Der Himmelshorizont – Abbild unseres Bewusstseins

Der Aufbau des Horoskops der westlichen Astrologie dürfte eigentlich jedem bekannt sein: Es ist kreisrund, der Osten liegt immer links. Die Sternzeichen nehmen immer gleich bleibende Räume von 30° ein; darüber liegen die Häuser, die mit dem 1. Haus beginnen und sich dann gegen den Uhrzeigersinn fortsetzen.

Die Darstellung des Horoskops in der vedischen Astrologie ist nach einem anderen Muster aufgebaut. Der Kreis des Himmelshorizonts wird durch ein rechteckiges Muster ersetzt, das durch die zwei Diagonalen und durch vier Nebendiagonalen in zwölf Bereiche geteilt wird, die als *Häuser* bezeichnet werden. Da die entstehende Geometrie an die Oberfläche eines geschliffenen Diamanten erinnert, wird diese Darstellung auch als das Diamantenschliff-Diagramm bezeichnet. Jeder Bereich ist einer bestimmten Himmelsrichtung zugeordnet:

Die Häuser mit ihren Himmelsrichtungen

Haus	Himmelsrichtung
1	Osten
2	Östlicher Nordosten
3	Nördlicher Nordosten
4	Norden
5	Nördlicher Nordwesten
6	Westlicher Nordwesten
7	Westen
8	Westlicher Südwesten
9	Südlicher Südwesten
10	Süden
11	Südlicher Südosten
12	Östlicher Südosten

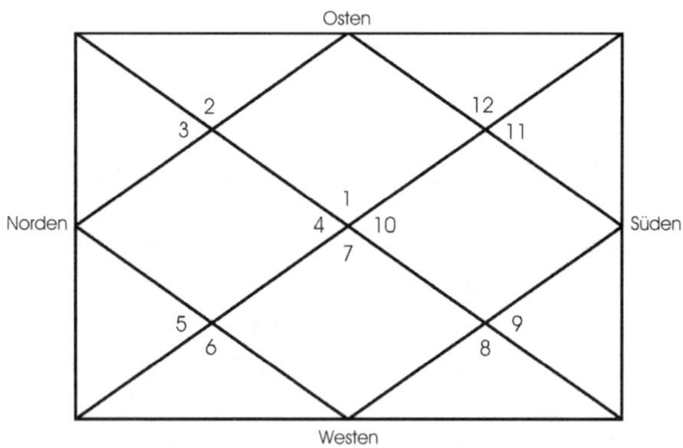

Diamantschliff-Diagramm mit den 12 Häusern

Die Himmelsrichtungen sind deshalb von so großer Bedeutung, da sie den direkten Bezug der zwölf Häuser zur Stellung der Planeten zur Zeit unserer Geburt herstellen. Stand die Sonne zur Zeit unserer Geburt beispielsweise im 4. Haus, so befand sie sich relativ zum Ort unserer Geburt im Norden. Diese Darstellung dient auch dazu, die individuelle Qualität der Himmelsrichtungen in unserem Wohnraum oder in Beziehung zu unserem Geburtsort mit Hilfe der Planetenstellungen in den zwölf Häusern zu ermitteln.

Das zuvor abgebildete abstrahierte Diamantschliff-Diagramm unterteilt ein Rechteck in diese zwölf Bereiche, wobei der Osten in der Mitte im oberen Bereich des Diagramms dargestellt wird. Das 1. Haus steht also immer oben in der Mitte.

Betrachten wir dieses Diagramm, so befinden wir uns im Westen und blicken in Richtung Osten. Hierbei sollten wir nicht vergessen, dass es sich um eine Aufteilung des Himmelshorizonts in die zwölf Himmelsrichtungen handelt. Dabei gehen wir so vor, dass wir jeder der zwölf Richtungen genau 30° des Horizont zuordnen, sodass alle zwölf Richtungen zusammengenommen genau 360° ergeben.

Bei der Geburt eines Menschen hält man die exakte Stellung der Planeten in Beziehung zu diesem Diagramm fest. Der Tradition nach wird die Unterteilung des Himmelshorizonts nach zwölf Sternbildern benannt, die man auch Tierkreiszeichen nennt. Die zwölf Tierkreiszeichen unterteilen den Erdhimmelshorizont in zwölf gleich große Bereiche von je 30°. Beginnend mit Widder bei 0° schreitet der Himmelskreis über Stier, Zwillinge und so weiter bis zu den Fischen fort.

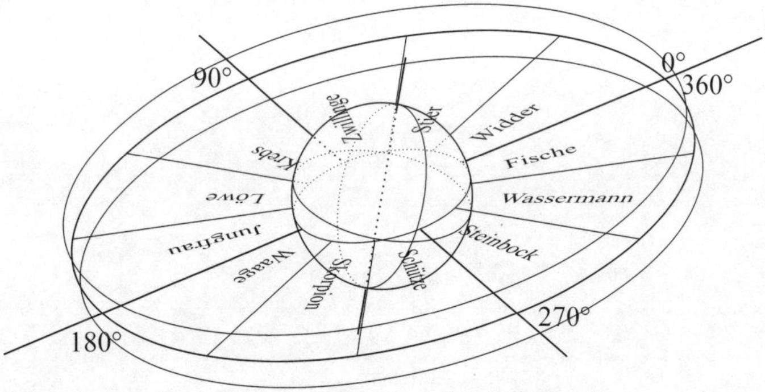

Der strukturelle Aufbau des vedischen Horoskopbildes mit den zwölf Zeichen

Der Aszendent befindet sich im Osten bzw. im 1. Haus des Diagramms. Die übrigen 11 Tierkreiszeichen liegen dann der Reihenfolge nach in den verschiedenen 11 Himmelsrichtungen des Himmelskreises, wobei im Diamantenschliff-Diagramm die Zuordnung entgegen dem Uhrzeigersinn erfolgt.

Die zwölf Sternzeichen im 360-Grad-Kreis

Bereich im Zodiak	Tierkreiszeichen
0-30°	Widder
30-60°	Stier
60-90°	Zwillinge
90-120°	Krebs
120-150°	Löwe
150-180°	Jungfrau
180-210°	Waage
210-240°	Skorpion
240-270°	Schütze
270-300°	Steinbock
300-330°	Wassermann
330-360°	Fische

Planetenherrscher

Jedem Tierkreiszeichen, und somit auch dem Aszendenten, ist ein bestimmter Planet zugeordnet, der ihn bildhaft gesprochen «beherrscht».

Ist dieser Herrscher ein starker Planet, so kann er sein eigenes Zeichen gut beschützen, während ein schwacher Planet kein guter Beschützer ist. Ob ein Planet stark oder schwach ist, hängt von seiner genauen Stellung im Horoskop und seiner Wechselwirkung mit den anderen Planeten ab. In der folgenden Tabelle sind die Beschützer (Herrscher) der einzelnen Tierkreiszeichen zusammengestellt:

Planetenherrscher der Tierkreiszeichen

Nummer	Tierkreiszeichen	Herrscher/Beschützer
1	Widder	Mars
2	Stier	Venus
3	Zwillinge	Merkur
4	Krebs	Mond
5	Löwe	Sonne
6	Jungfrau	Merkur
7	Waage	Venus
8	Skorpion	Mars
9	Schütze	Jupiter
10	Steinbock	Saturn
11	Wassermann	Saturn
12	Fische	Jupiter

Nicht in jedem Fall empfiehlt die vedische Astrologie, den Herrscher des Zeichens, das im Aszendenten steht, zu stärken. Für die Zeichen Stier und Skorpion ist der Herrscher des Aszendenten beispielsweise ein funktional negativer Planet. Daher wird in diesen Fällen empfohlen, stattdessen die Sonne als Beschützer der Gesundheit zu stärken. Die funktional negativen Planeten dürfen unter keinen Umständen durch Farben, Edelsteine oder Zahlen-Kavacas gefördert werden.

Bei der obigen Zuordnung der Planetenherrscher zu den zwölf Tierkreiszeichen gibt es fünf Planeten, die jeweils zwei Zeichen beherrschen, nämlich Mars, Merkur, Jupiter, Venus und Saturn. Diese zwei Zeichen sind jedoch nicht gleichwertig: Jeder dieser Planeten beherrscht ein Hauptzeichen und ein Nebenzeichen. Wenn wir in den weiteren Ausführungen davon sprechen, dass ein Planet ein bestimmtes Zeichen beherrscht, meinen wir damit immer das Hauptzeichen – es sei denn, es wird anders vermerkt. Die folgende Tabelle enthält die Haupt- und Nebenzeichen der Planeten:

Planeten in den Haupt- und Nebenzeichen

Planet	Hauptzeichen	Nebenzeichen
Sonne	Löwe	keines
Mond	Krebs	keines
Mars	Widder	Skorpion
Merkur	Jungfrau	Zwillinge
Jupiter	Schütze	Fische
Venus	Waage	Stier
Saturn	Wassermann	Steinbock

Entsprechend der Tabelle auf Seite 21 beschützt jeder Planet ein bestimmtes Tierkreiszeichen und damit auch das ihm zugeordnete Haus. Steht beispielsweise das Tierkreiszeichen Krebs eines Menschen im Norden oder im 4. Haus, so beschützt der Mond für diesen Menschen auch das 4. Haus. Jedes Haus wird dementsprechend in Abhängigkeit vom Aszendenten von einem der sieben Planeten beherrscht.

Die Bedeutung der Häuser mit ihren Lebensbereichen

Jedes Haus wird einem ganz bestimmten Lebensbereich beziehungsweise Aspekt des menschlichen Lebens und Bewusstseins zugeordnet.

Das 1. Haus (das immer den Aszendenten bildet) steht für die **Persönlichkeit** und den Körper des Menschen. Der Planet, der das Zeichen beherrscht, das sich zur Zeit der Geburt eines Menschen dort im Osten am Horizont befindet, erhält damit einen bestimmenden Einfluss im Leben des Betreffenden.

Steht dort zum Zeitpunkt der Geburt beispielsweise das Sternzeichen Löwe, dessen Herrscher die Sonne ist, so wird die Persönlichkeit dieses Menschen durch die Eigenschaften der Sonne geprägt. Der Betreffende kann damit eine königliche Erscheinung besitzen, nach Karriere und Ansehen streben und ein sonniges Gemüt haben. Auch die körperliche Konstitution und seine Anfälligkeit gegenüber Krankheiten werden durch die Eigenschaften beziehungsweise die Planeteneinflüsse auf dieses Haus bestimmt.

Das 2. Haus im nördlichen Nordosten, das sich direkt in der Nachbarschaft des Ostens befindet, repräsentiert alles, was dem Menschen sehr nahe steht. Damit ist beispielsweise seine Familie gemeint; doch auch sein Besitz wird durch das 2. Haus repräsentiert.

Die folgenden Tabellen enthalten die wichtigsten Indikationen der zwölf Häuser.

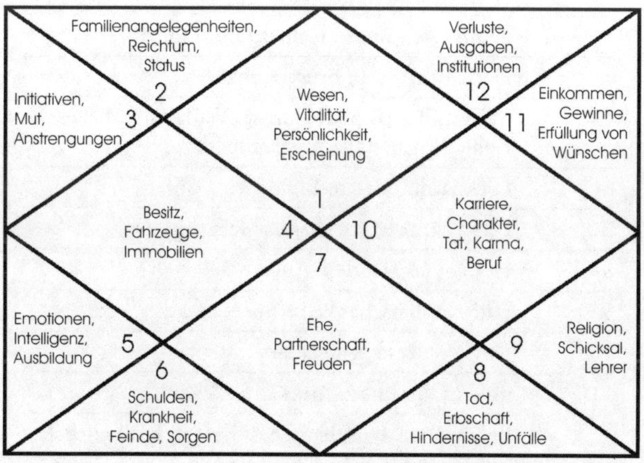

Die 12 Häuser mit ihren Lebensbereichen

Zuordnung der Häuser zu Lebensbereichen

Haus	Bereich
1	Wesen, Vitalität, Persönlichkeit, Erscheinung
2	Reichtum, Status, Familienangelegenheiten
3	Initiativen, Mut, Anstrengungen
4	Besitz, Fahrzeuge, Immobilien
5	Emotionen, Intelligenz, Ausbildung
6	Schulden, Krankheit, Feinde, Sorgen
7	Ehe, Partnerschaft, Freuden
8	Tod, Erbschaft, Hindernisse, Unfälle
9	Religion, Schicksal, Lehrer
10	Karriere, Charakter, Tat, Karma
11	Einkommen, Gewinne, Erfüllung von Wünschen
12	Verluste, Ausgaben, Institutionen

Zuordnung der Häuser zu Organen und Körperteilen

Haus	Zugeordneter Körperteil
1	Kopf, Gesicht, Gehirn, Gesichtsknochen
2	Hals, rechtes Auge, Zähne, Speiseröhre, Kehlkopf
3	Hände, Schultern, rechtes Ohr, Luftröhre
4	Herz, Brustkorb, Brust, Lunge
5	Magen, Bauchspeicheldrüse, Verdauung, Leber, Galle, Darm, Milz, Rückenmark
6	Dickdarm, Nieren, Blinddarm, Unterleib
7	Beckenknochen, Scheide, Gebärmutter
8	Hodensack, Hoden, Anus
9	Hüfte, Oberschenkel, Knochenmark
10	Knie, Gelenke, Knochen
11	linkes Ohr, linker Arm, Unterschenkel
12	linkes Auge, lymphatisches System, Fußknöchel, Füße

Zuordnung der Häuser zu Familienangehörigen

Haus	Verwandte
1	das eigene Ich
2	Familie, Ehepartner
3	jüngere Geschwister
4	Mutter
5	Kinder
6	mütterlicher Onkel
7	Partner
8	nicht gegeben
9	Vater
10	männliche Kinder
11	ältere Geschwister; Freunde
12	nicht gegeben

Warum werden Häuser als positiv oder negativ bezeichnet?

Von den zwölf Häusern, die den Himmelshorizont unterteilen, gelten neun als positive und drei als negative Häuser. Obwohl diese Bezeichnung wiederum wertend klingt, sollte man verstehen, dass die von den negativen Häusern repräsentierten Lebensbereiche ebenso wichtige Aspekte des Lebens darstellen wie die positiven Häuser. Auch die so genannten negativen Häuser besitzen ihre positiven Aspekte, wobei sich die Bezeichnung positiv oder negativ vor allem auf die Tendenz ihrer wichtigsten Bedeutungsinhalte bezieht.

Unter den zwölf Himmelsrichtungen beziehungsweise Häusern gelten das 6., 8. und 12. als negativ, während alle übrigen als positiv gelten.

Das 6. Haus steht für Krankheiten, Feinde und Schulden im Leben eines Menschen, während das 8. Haus den Tod oder todesähnliche Zustände, wie Depressionen und Unfälle, repräsentiert. Das 12. Haus versinnbildlicht vor allem Verluste, die sich in allen Lebensbereichen manifestieren können. Obwohl diese drei Häuser ebenso viele positive Aspekte repräsentieren, so treten doch häufig diese negativen Themen in den Vordergrund ihrer Betrachtung.

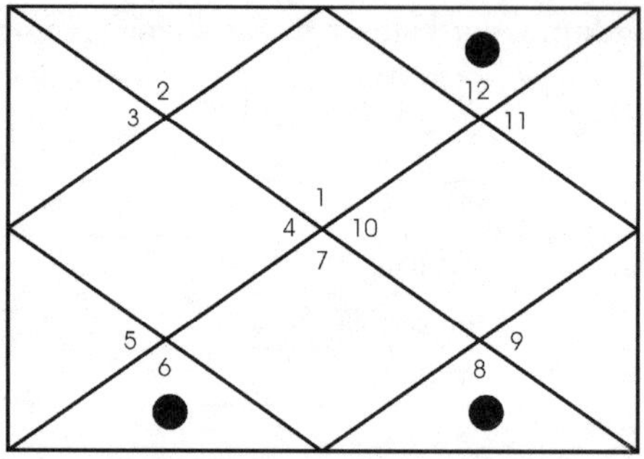

Die drei negativen Häuser

Der entscheidende Schritt zur richtigen Bewertung des Einflusses der Planeten besteht nun darin, ihre Beziehungen zu den zwölf Häusern zu betrachten. Hierbei gelten die Herrscher der negativen Häuser als funktional negative und die Herrscher der positiven Häuser als funktional positive Planeten. Dies gilt jedoch nur für die Hauptzeichen der Planeten. Die Indikationen eines Hauses werden durch seinen Planetenherrscher in andere Lebensbereiche beziehungsweise Häuser getragen. Daher sind die Herrscher der Zeichen, in denen die drei negativen Häuser platziert sind, Übermittler dieser negativen Energien und werden traditionell als «Übeltäter» bezeichnet.

Befindet sich beispielsweise zum Zeitpunkt der Geburt eines Menschen das Tierkreiszeichen Krebs im 6. Haus, das heißt im westlichen Nordwesten des Himmelshorizonts, so hat der Betreffende seinen Aszendenten im Wassermann.

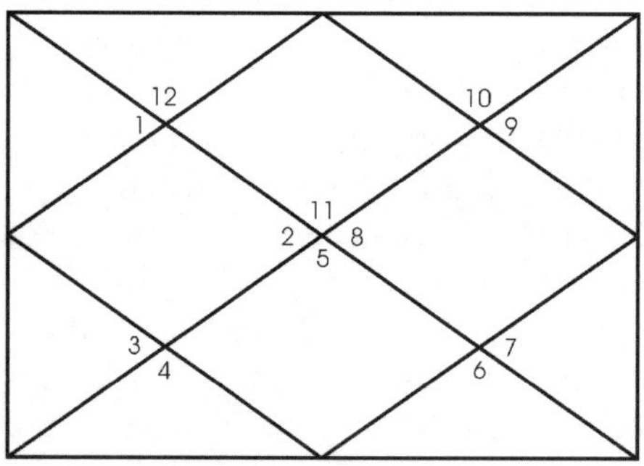

Aszendent Wassermann (Die Zahlen stehen für die 12 Zeichen, siehe Seite 21)

In diesem Fall wird der Mond als Herrscher des Krebs zum Indikator für Krankheiten, Feinde und Schulden. Alle Bereiche im Leben dieses Menschen, auf die der Mond seinen Einfluss geltend macht, werden daher von den Qualitäten dieses 6. Hauses berührt. Befindet sich beispielsweise der Mond im 1. Haus, das heißt im Osten am Horizont, so wird dadurch die Persönlichkeit und Konstitution des Betreffenden, repräsentiert durch sein 1. Haus, für Krankheiten, Feindschaften und Schulden anfällig sein.

Hier sehen wir die Bedeutung der Hauptzeichen eines Planeten, da die Platzierung dieses Zeichens in einem positiven beziehungsweise negativen Haus darüber entscheidet, ob die Natur seines Herrschers funktional positiv oder negativ ist. Befindet sich das Nebenzeichen eines Planeten in einem der negativen Häuser, so wird dieser Planet dadurch nicht zu einem funktional negativen Planeten, da sein Hauptzeichen dann in jedem Falle in ein als positiv bewertetes Haus fällt.

Befindet sich beispielsweise, wie beim Aszendenten Schütze, das 6. Haus im Tierkreiszeichen Stier, so wird dadurch Venus, die den Stier als Nebenzeichen beherrscht, nicht zum Repräsentanten für Krankheiten, Feindschaften und Schulden, da der Stier nicht das Hauptzeichen der Venus ist; ihr Hauptzeichen, die Waage, befindet sich dagegen im 11., einem positiv besetzen Haus.

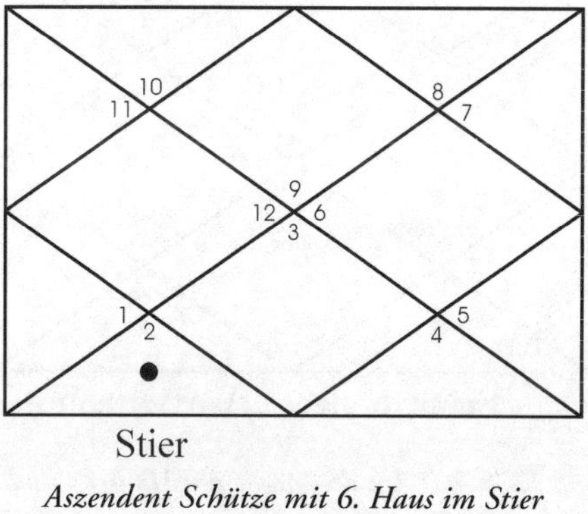

Aszendent Schütze mit 6. Haus im Stier

Obwohl das Tierkreiszeichen Stier als Nebenzeichen der Venus zugeordnet und von dieser beschützt wird, ist diese Zuordnung nicht stark genug, um eine Beziehung zwischen den negativen Indikationen eines Hauses und dem betreffenden Planeten herzustellen. Daher werden diese zusätzlichen Beziehungen der Planeten zu den restlichen Häusern in diesem Zusammenhang nicht weiter berücksichtigt. Hier noch einmal die wichtigste Definition dieses Buches zum Thema funktionale *Natur von Planeten*:

Definition: Planeten, deren Hauptzeichen in den drei negativen Häusern (6., 8. und 12. Haus) stehen, werden als funktional negative Planeten bezeichnet.

Ihre Wirkung: Die funktional negativen Planeten übertragen die negativen Eigenschaften der von ihnen beherrschten Häuser auf alle von ihnen beeinflussten Bereiche des Horoskops.

Funktional positive und negative Planeten für die zwölf aufsteigenden Zeichen

Die einzelnen Aszendenten besitzen grundsätzlich immer eine bestimmte, doch unterschiedliche Anzahl funktional positiver beziehungsweise negativer Planeten.

Das folgende Beispiel zeigt ein Horoskop mit Aszendent Krebs.

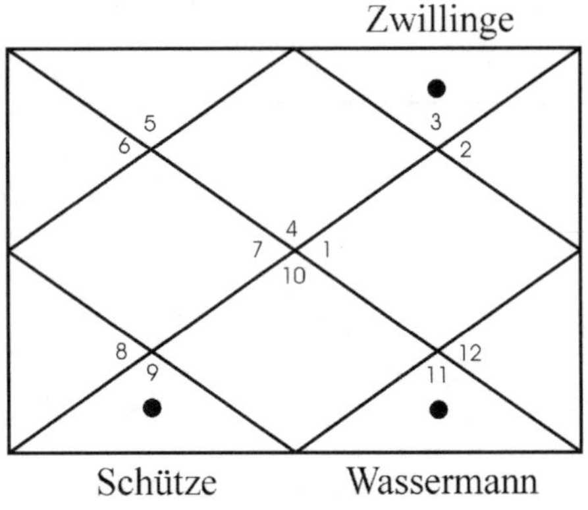

Aszendent Krebs mit den drei negativen Häusern und Zeichen

Das 1. Haus fällt hier also in den Krebs. Das 6. Haus befindet sich im Schützen, das 8. Haus im Wassermann und das 12. Haus im Zeichen Zwillinge.

Damit sind zusätzlich zu Rahu und Ketu Jupiter als Herrscher des 6. Hauses (Schütze) und Saturn als Herrscher des 8. Hauses (Wassermann) funktional negative Planeten. Merkur ist für das Zeichen Krebs ein funktional positiver Planet, da das 12. Haus lediglich in sein Nebenzeichen (Zwillinge) fällt, während sein Hauptzeichen (Jungfrau) das 3., also ein positives Haus einnimmt.

Jemand mit Aszendent Zwillinge besitzt nur Rahu und Ketu als negative Planeten, während alle anderen Planeten Herrscher von positiven Häusern und damit positiv sind. Er ist damit gegenüber Krankheiten, Unfällen und Verlusten generell weniger anfällig als Menschen, die mit einem anderen Aszendenten geboren werden.

Diese Aussage ist jedoch von sehr allgemeinem Charakter, weil sie sich nur auf einen Gesichtspunkt bezieht. Sie muss noch anhand aller Planetenstellungen im Horoskop modifiziert werden. Die Auswirkung dieser Neigung ist jedoch in zahlreichen Untersuchungen von Horoskopen in Beziehung zum Leben der betreffenden Personen bestätigt worden. Entscheidend ist hierbei, dass jeder Aszendent seine spezifischen funktionalen Planeten besitzt.

Aszendenten mit funktionalen Planeten

	Aszendent	Funktional negative Planeten	Zusätzliche negative Planeten	Funktional positive Planeten
1	*Widder*	Merkur	Rahu und Ketu	Sonne, Mond, Mars, Jupiter, Venus, Saturn
2	*Stier*	Venus, Jupiter, Mars	Rahu und Ketu	Sonne, Mond, Merkur, Saturn
3	*Zwillinge*		Rahu und Ketu	Sonne, Mond, Mars, Merkur, Jupiter, Venus, Saturn
4	*Krebs*	Saturn, Jupiter	Rahu und Ketu	Sonne, Mond, Mars, Merkur, Venus
5	*Löwe*	Mond	Rahu und Ketu	Sonne, Mars, Merkur, Jupiter, Venus, Saturn
6	*Jungfrau*	Saturn, Mars, Sonne	Rahu und Ketu	Mond, Merkur, Jupiter, Venus
7	*Waage*	Merkur	Rahu und Ketu	Sonne, Mond, Mars, Jupiter, Venus, Saturn
8	*Skorpion*	Mars, Venus	Rahu und Ketu	Sonne, Mond, Merkur, Jupiter, Saturn

9	*Schütze*	Mond	Rahu und Ketu	Sonne , Mars, Merkur, Jupiter, Venus, Saturn
10	*Steinbock*	Sonne, Jupiter	Rahu und Ketu	Mond, Mars, Merkur, Venus, Saturn
11	*Wassermann*	Mond, Merkur	Rahu und Ketu	Sonne, Mars, Jupiter, Venus, Saturn
12	*Fische*	Sonne, Venus, Saturn	Rahu und Ketu	Mond, Mars, Merkur, Jupiter

Die obige Tabelle bildet das Kernstück der vedischen Astrologie und zeigt, welche Planeten in unserem Leben Leid und welche Glück und Freude verursachen können.

Diese Betrachtung ist sicherlich das Ergebnis einer vereinfachten Darstellung, da auch ein funktional positiver Planet die Ursache von Leid sein kann, wenn er durch den Angriff eines negativen Planeten geschwächt wird. Ein solcher Angriff erfolgt beispielsweise, wenn der positive Planet in der Nähe (näher als 5°) des negativen Planeten steht (das wird als Konjunktion bezeichnet) oder wenn dieser von einem negativen Planeten aspektiert wird. Ein Aspekt liegt vor, wenn zwei Planeten in einem bestimmten Winkel zueinander stehen. Um dieses Thema zu vertiefen, sei der Leser jedoch auf meine Einführung in die Systemisch-Vedische Astrologie* verwiesen, da es an dieser Stelle den Rahmen des vorliegenden Buches sprengen würde.

Doch selbst im Falle eines Angriffs ist letztlich der funktional negative Planet die Ursache für das erfahrene Leid. Entsprechend hierzu können auch funktional negative Planeten Glück und Freude bringen, wenn sie zu einem bestimmten Zeitpunkt keinen funktional positiven Planeten angreifen beziehungsweise schwächen. In einem solchen Fall stärkt und beschützt auch ein funktional negativer Planet die Indikationen seines eigenen Hauses.

Die Eigenschaften der neun Planeten

Um nun ein tieferes Verständnis der bisherigen Ausführungen zu bekommen, sollen nachfolgend die Eigenschaften der neun Planeten und die ihnen zugeordneten Lebensbereiche betrachtet werden.

* Marcus Schmieke, Vedische Astrologie in sieben Tagen. Windpferd, Aitrang 2002

Kein Planet ist an sich positiv oder negativ. Erst dadurch, dass ein bestimmter Planet Herrscher eines negativen Hauses wird, wird er selbst zum Vermittler negativer Kräfte auf den Menschen. Das bedeutet nicht, dass der jeweilige Planet an sich nur negative Kräfte besitzt, sondern dass der betroffene Mensch die Energie dieses Planeten als negativ empfindet. Die Ursache für hieraus resultierende negative Auswirkungen liegt deshalb nicht in dem Planeten selbst, sondern in seiner Beziehung zu dem Menschen beziehungsweise umgekehrt in der Beziehung des Menschen zu dem betreffenden Planeten.

Im Verlauf dieses Buches finden sich daher viele Hinweise, die zeigen, wie es für jeden möglich ist, ganz gezielt die Beziehung zu den funktional negativen Planeten zu transformieren, sodass die Energie oder Kraft dieses Planeten nicht mehr als negativ, sondern als positiv empfunden wird. Eine solche Transformation der Planetenkräfte führt dazu, dass ein Planet, der Leid verursachte, uns in Zukunft kein Leid mehr zufügen und auch die anderen Planeten und Bereiche in unserem Leben nicht mehr schwächen wird. Bevor wir jedoch noch mehr über die Transformation der Planetenkräfte erfahren werden, lernen wir zunächst die Eigenschaften der Planeten näher kennen.

Sonne: Die Sonne ist der **König** unter den Planeten. Sie verkörpert das Selbst und ist der Ursprung aller anderen Aspekte des Lebens. Ebenso wie das Selbst das Zentrum eines Lebewesens ist, so stellt die Sonne das Zentrum unseres kleinen Universums dar. Sie verkörpert die Vitalität und auch die Gesundheit eines Menschen. Ist die Sonne stark platziert, so besitzt der Betreffende Vitalität und Energie und erfreut sich im Allgemeinen einer guten Gesundheit. Doch auch seine Position in der Gesellschaft, seine soziale Stellung und seine Karriere werden von der Stärke der Sonne bestimmt. In der Familie repräsentiert sie den Vater. Ist die Sonne im Geburtshoroskop geschwächt oder angegriffen, so können das Herz oder der Rücken des Betreffenden in Mitleidenschaft gezogen werden.

Mond: Verkörpert die Sonne unter den Planeten den König, so stellt der Mond die **Königin** dar. Er repräsentiert den Geist des Menschen, seine Emotionen, jedoch auch seine Mutter. Im Gegensatz zur Sonne, welche die männlichen Kräfte des Universums verkörpert, sind die Energien des Mondes weiblich. Da sich der Mond im Vergleich zu allen anderen Planeten sehr schnell um die Erde herum bewegt, steht er für den Wechsel und die Beweglichkeit. Ein angegriffener oder geschwächter Mond kann zu emotionalen, psychischen oder mentalen Störungen führen, jedoch auch den Magen in Mitleidenschaft ziehen.

Mars: Mars ist unter den Planeten der **General**. Er verkörpert Energie, Vitalität und physische Stärke. Mars ist ein Planet der Tat und des Durchsetzungsvermögens. Unter seinem Einfluss werden Menschen zu Spitzensportlern, Ingenieuren, Wissenschaftlern und Soldaten. Ins Negative umgekehrt, wirkt sich die Energie von Mars in Form von Aggressivität und Gewalt aus. Ist Mars im Geburtshoroskop eines Menschen geschwächt oder angegriffen, so kann der Betreffende häufig unter Infektionen, Wunden, Unfällen oder Blutkrankheiten leiden.

Merkur: Merkur ist unter den Planeten der **Prinz**. Er repräsentiert die analytische Intelligenz, Redegewandtheit und Logik. Ebenso wie Jupiter repräsentiert Merkur die Kindheit. Er steht für Kommunikation und den analytischen Geist. Ist Merkur im Horoskop geschwächt, kann der Betroffene unter Lungenkrankheiten, Atembeschwerden und Nervenkrankheiten leiden.

Jupiter: Jupiter verkörpert unter den Planeten den **Priester und Lehrer**. Im Horoskop eines Menschen repräsentiert er die göttliche Gnade und all die Geschenke und Gaben, die er während seines Lebens erhält. Jupiter steht für die Bereiche, in denen der Mensch in seinem Leben wächst. Daher wird auch die Kindheit von Jupiter beherrscht, ebenso wie die Tugenden des Menschen, seine Fähigkeit zu lehren und seine Hinwendung zu Gott. Ist der Planet Jupiter im Geburtshoroskop eines Menschen geschwächt, so kann dieser unter Leberkrankheiten, Nierenschwäche, Lungenkrankheiten, Diabetes oder Hüftbeschwerden leiden.

Venus: Venus ist die **Göttin der Schönheit und der Liebe**. Sie verkörpert alles Luxuriöse, Schöne und Angenehme im Leben. Wohlstand, Reichtum, das Zuhause, Fahrzeuge und Besitz im Allgemeinen werden von Venus repräsentiert. Im Leben eines Mannes verkörpert Venus seine Ehefrau oder Geliebte. Sie macht einen Menschen zum Künstler und lässt einen die angenehmen Seiten des Lebens erfahren. Ist Venus im Geburtshoroskop eines Menschen geschwächt, so können Diabetes, Nierenprobleme, Augenprobleme und Geschlechtskrankheiten die Folge sein.

Saturn: Saturn repräsentiert den **Diener**. Er steht im Leben eines Menschen für die Disziplin und verleiht im positiven Sinne Unabhängigkeit und Standhaftigkeit. Ein positiver Saturn-Einfluss ist in jedem Falle notwendig, wenn einem bestimmten Unternehmen Erfolg und Dauerhaftigkeit zukommen sollen. Er repräsentiert die ewige Zeit, die alles Sterbliche seinem Ende näher bringt und ist daher auch ein Sinnbild für den Tod selbst. Gibt uns Jupiter unser gutes Karma, das heißt, die Reaktion auf unsere guten Taten, so ist Saturn der Planet, der uns mit unserem schlechten Karma, das heißt, den Reaktionen auf unsere selbstsüchtigen Handlungen konfrontiert. Er führt uns damit die Herausforderungen und Schwierigkeiten im Leben vor Augen, an denen wir wachsen und uns bewähren können. Saturn beherrscht degenerative Prozesse im Körper sowie das Alter. Ist Saturn im Geburtshoroskop eines Menschen schwach oder angegriffen, so führt dies häufig zu Erkrankungen der Knochen und Gelenke, zu Rheumatismus und Arthrose, zu Blindheit, Depressionen und mentalen Sorgen.

Die Schattenplaneten – Rahu und Ketu

Zusätzlich werden in der vedischen Astrologie zwei weitere Himmelskörper berücksichtigt, die immer als negative Planeten gewertet werden. Diese beiden Himmelskörper sind der nördliche und der südliche Mondknoten, das heißt, die beiden Schnittpunkte zwischen der Bahn des Mondes und der Ekliptik im Norden beziehungsweise Süden des Himmelskreises. Der nördliche Mondknoten wird als *Rahu* und der südliche als *Ketu* bezeichnet. Beide gelten für alle zwölf möglichen Aszendenten als funktional negative Planeten.

Rahu: Im Gegensatz zu den bereits genannten sieben Planeten stellt Rahu keinen physisch sichtbaren, sondern einen feinstofflichen Planeten dar. Ebenso wie Ketu wird er als Schattenplanet bezeichnet, das heißt als Konzentration feinstofflicher Energien. Er gilt im Allgemeinen unter allen Planeten als der größte «Übeltäter», da er den Menschen durch seinen Einfluss materialistisch macht. Wenn jemand unter einem zu starken Rahu-Einfluss leidet, verrennt er sich leicht in seine materiellen Ziele und führt Handlungen aus, deren Resultate sich letztlich gegen ihn selbst wenden. Rahu verleiht einem Menschen die Fähigkeit, Macht über andere auszuüben und auch große Menschenmassen zu beeinflussen. Als natürlicher Feind der Sonne ist Rahu ein Planet der Dunkelheit, der seinen Einfluss häufig im Verborgenen wirken lässt. Ein geschwächter oder angegriffener Rahu kann Symptome wie Lungenkrankheiten, Probleme mit den Füßen, Atembeschwerden und Vergrößerungen der Milz verursachen.

Ketu: Ebenso wie Rahu ist Ketu ein Schattenplanet, der ebenfalls als ein natürlicher «Übeltäter» einzustufen ist. Während sich die anderen sieben Planeten auf das Leben eines Menschen entweder als Wohltäter oder Übeltäter auswirken können, was durch den Aszendenten bestimmt wird, sind Rahu und Ketu in jedem Horoskop als Übeltäter zu werten. Auch Ketu manifestiert seinen negativen Einfluss vor allem im Verborgenen und auf der feinstofflichen Ebene. Ist Rahu der Materialist unter dem Planeten, so verkörpert Ketu die Neigung zur Spiritualität. Er kann Menschen zu Heilern machen und gibt ihnen ein Interesse am Okkulten. Ist Ketu im Geburtshoroskop schwach beziehungsweise angegriffen, so kann es dadurch ebenfalls zu Lungenkrankheiten, Fieber, Augenschmerzen, Magenbeschwerden oder undiagnostizierten Krankheiten kommen.

Die Wirkung der Planeten auf unser Schicksal

Ein Planet kann nicht nur funktional positiv oder negativ, sondern auch stark oder schwach sein. Seine Stärke entscheidet darüber, ob er sein eigenes Haus und dessen Lebensbereiche beschützen kann und was der betreffende Mensch in seinem Leben bezüglich der Indikationen dieses Planeten zu erwarten hat.

Ist beispielsweise der Mond im Geburtshoroskop eines Menschen stark gestellt, so wird der Betreffende einen starken Geist, ausgeglichene Emotionen und eine gute Beziehung zu seiner Mutter haben, während genau diese Indikationen leiden würden, falls der Mond schwach gestellt wäre. Auch kann ein schwacher Planet sein eigenes Haus weniger gut beschützen als ein starker Planet, sodass auch die Indikationen des von ihm beherrschten Hauses im Leben des betreffenden Menschen leiden, wenn der Planet schwach gestellt ist.

Hat jemand seinen Aszendenten im Krebs und ist sein Mond schwach, beispielsweise dadurch, dass er in einem negativen Haus steht oder von einem funktional negativen Planeten angegriffen wird, so können seine Gesundheit und die Vitalität in Mitleidenschaft gezogen sein, da der Mond Herrscher des 1. Hauses ist.

Ein Planet ist unter verschiedenen Umständen als schwach zu werten, die mit Hilfe der vedischen Astrologie aus dem Geburtshoroskop abgelesen werden können.

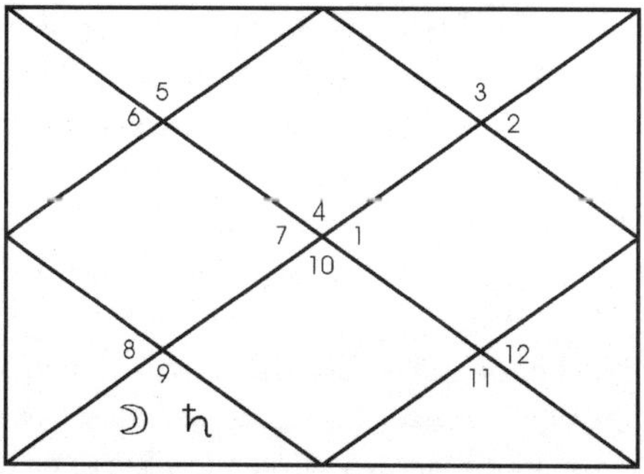

Aszendent Krebs mit Mond im 6. Haus. Hier steht der Mond mit Saturn, dem Herrscher des 8. Hauses, in Konjunktion. Er ist daher doppelt geschwächt: zum einen durch seine Platzierung in einem negativen Haus und zum anderen durch seine Gemeinschaft mit dem funktional negativen Saturn

Beispielsweise ist ein Planet als schwach zu bezeichnen, falls er sich in einem der drei negativen Häuser befindet, also im 6., 8. oder 12. Haus. Befindet er sich beispielsweise im 6. Haus, das Krankheiten im Allgemeinen repräsentiert, so kann der Betroffene im Bereich der Organe und Körperteile, die durch den im 6. Haus platzierten Planeten repräsentiert werden, für Krankheiten anfällig sein.

An dieser Stelle soll jedoch keine ausführliche Darlegung der vedischen Astrologie erfolgen. Das Ziel dieses Buches besteht vielmehr darin, für jeden Menschen ein individuelles System von vedischen «Zaubermitteln» zu erarbeiten, die ihm helfen, eventuelle Schwächen in seinem Geburtshoroskop auszugleichen.

Das Leitprinzip lautet hierbei, dass die schwachen funktional positiven Planeten gestärkt werden müssen. Es ist jedoch auch sinnvoll, die starken funktional positiven Planeten zu stärken, da sie dadurch ihre eigenen Häuser noch besser beschützen können und auch die ihnen zugeordneten Lebensbereiche gestärkt werden. Daher kann man einen optimalen Schutz erhalten, wenn es einem gelingt, all seine positiven funktionalen Planeten zu stärken.

Die funktional negativen Planeten können ebenfalls schwach und somit nicht in der Lage sein, ihre eigenen Häuser zu beschützen. Auch leiden die allgemeinen Indikationen, die von einem solchen geschwächten Planeten repräsentiert werden.

Für den Aszendenten Krebs ist beispielsweise Saturn als Herrscher des 8. Hauses ein schwächender Planet, der chronische Krankheiten und

Unfälle verursachen kann. Da Saturn der Herrscher des 8. Hauses ist, hängen jedoch auch die Indikationen des 8. Hauses, das heißt, die Anfälligkeit gegenüber chronischen Krankheiten, von seiner Stärke ab. Da Saturn jedoch für den Aszendenten Krebs ein funktional negativer Planet ist, darf er auf keinen Fall durch vedische «Zaubermittel» gestärkt werden, da sonst auch sein negativer Einfluss auf den Menschen größer würde.

Um die negativen Wirkungen eines funktional negativen Planeten auf andere Planeten beziehungsweise die verschiedenen, möglicherweise beeinträchtigten Lebensbereiche abzumildern, ist es notwendig, dass der Betreffende die auf ihn negativ wirkenden Energien dieses Planeten ins Positive transformiert. Diese Umwandlung negativer Energien ins Positive kann nur durch aktive vedische Hilfsmittel erfolgen.

Somit gibt es einen grundlegenden Unterschied in der Behandlung funktional positiver und negativer Planeten bezüglich der Auswahl der entsprechenden Hilfsmittel. Während die funktional positiven Planeten einfach durch geeignete Hilfsmittel wie Farben, Edelsteine und Yantras gestärkt werden können, geht es bei den funktional negativen Planeten darum, ihre Energie durch aktive vedische Hilfsmittel, wie beispielsweise die Rezitation von Mantras, aus dem Negativen ins Positive umzuwandeln.

Vedische «Zaubermittel»

Ziel der vedischen Astrologie ist nicht nur, dem Menschen Aufschluss über seine Persönlichkeit, seine Stärken und Schwächen, seine Anlagen, Talente und mögliche Schwierigkeiten zu geben, sondern vor allem, ihm ganz konkrete Hilfsmittel anzubieten, mit denen er sein Schicksal gestaltend formen kann.

Das hier vorgestellte System ist in Tausenden von Fällen in der Praxis überprüft worden. Viele dieser Fälle sind dokumentiert, sodass die Wirksamkeit der vorgeschlagenen Maßnahmen in der Praxis erprobt ist. Es ist hierbei jedoch Voraussetzung, für jeden Menschen individuell die für ihn geeigneten vedischen Hilfsmittel auszusuchen.

Hierzu wird zunächst einmal der Aszendent entsprechend der vedischen Astrologie bestimmt. Da ein Tierkreiszeichen hiernach genau 30° umfasst, wechselt der Aszendent durchschnittlich alle zwei Stunden. Deshalb ist es sehr wichtig, die Geburtszeit so genau wie nur möglich zu ermitteln, um den Aszendenten zweifelsfrei bestimmen zu können.

In kritischen Fällen, vor allem, wenn die Geburt zu einem Zeitpunkt erfolgte, zu dem gerade ein Tierkreiszeichen am Horizont in das nächste überwechselte, ist es ratsam, die genaue Geburtszeit von einem erfahrenen Astrologen überprüfen zu lassen. Der Astrologe wird hierfür die wichtigsten Ereignisse des Lebens mit dem Geburtshoroskop in Übereinstimmung zu bringen versuchen. Auf diese Weise wird es ihm möglich sein, die Geburtszeit bis auf die Minute genau zu korrigieren, sodass bei der Bestimmung des Aszendenten kein Zweifel mehr bestehen muss.

Nun kann man anhand des ermittelten Aszendenten-Schutzschildes die schützende beziehungsweise herausfordernde Seite der Planeten für sich oder andere bestimmen, also die persönlich jeweils funktional negativen und positiven Planeten feststellen. Die Tabellen zum Nachschlagen des Aszendenten befinden sich auf den Seiten 196 bis 208).

Es gibt zwei Gruppen vedischer Hilfsmittel, die vor allem in ihrer kombinierten Anwendung einen besonders starken Schutz bewirken. Die ersten drei Hilfsmittel stärken die funktional positiven Planeten, während zwei weitere Hilfsmittel zur Transformation der Energien der funktional negativen Planeten gedacht sind.

Helfende Planeten kann man mit einfachen Mitteln stärken: Farben, Edelsteine, Kavacas. Herausfordernde Planeten müssen mit komplexeren Mitteln auf eine andere Ebene transformiert werden: Mantras und tätiges Mitgefühl.

Die funktional positiven Planeten werden gestärkt mit Hilfe einer gezielten Anwendung von **Farben**, durch die Auswahl eines die Persönlichkeit und Vitalität stärkenden **Edelsteins** und mit Hilfe eines so genannten **Zahlen-Kavaca**, das mystische Zahlensymbole aller positiven Planeten des jeweiligen Aszendenten enthält.

Die Transformation negativer Planetenenergien erfolgt mit Hilfe von **Mantras**, das heißt, kurzen Sanskrit-Formeln, die man regelmäßig in der Meditation rezitiert, sowie mit **gezielt gelebtem Mitgefühl**.

Durch diese fünf Mittel lässt sich die negative Wirkung von Planeteneinflüssen weitgehend (zu drei Viertel) reduzieren, sodass die gleichzeitig gestärkten helfenden Planeten ihren positiven Einfluss auf unser Leben stärker geltend machen können.

Den zwölf verschiedenen Aszendenten entsprechen unterschiedliche Gruppen von funktional positiven Planeten. Während jemand mit Aszendent Zwillinge sieben funktional positive Planeten besitzt, hat jemand mit Aszendent Stier, Fische oder Jungfrau nur vier funktional positive Planeten. Dementsprechend ist die Anzahl der funktional negativen Planeten für die Aszendenten Stier, Fische und Jungfrau größer als für die anderen Aszendenten. Die Erklärung der spezifischen funktionalen Natur der Planeten für jeden Aszendenten erfolgt ab Seite 99 ff.

Wie bereits betont wurde, dürfen nur die funktional positiven Planeten gestärkt werden, während die Energie der funktional negativen Planeten durch geeignete Maßnahmen ins Positive umgewandelt werden sollte. In diesem Kapitel beschäftigen wir uns zunächst mit den vedischen Hilfsmitteln zur Stärkung der funktional positiven Planeten und dann mit den Hilfsmitteln zur Transformation der funktional negativen Planeten. Aber zuerst eine Übersicht:

Übersicht – die fünf vedischen Hilfsmittel

FUNKTIONAL POSITIVE PLANETEN STÄRKEN

1 Farben

Die gezielte Auswahl von Farben für Kleidung, Bettwäsche, Lampenlicht und Wände usw. Dies dient zur Stärkung der Aura und Kräftigung der Psyche und hilft besonders effektiv bei der Vorbeugung und unterstützenden Behandlung psychischer und psychosomatischer Krankheiten.

2 Edelsteine

Die gezielte Auswahl eines Edelsteins, der den am meisten geschwächten, funktional positiven Planeten oder den Planetenherrscher des Aszendenten stärkt. Diese Maßnahme dient der Stärkung der Persönlichkeit und der Vitalität.

3 Kavacas (Zahlen-Yantras)

Ein Medaillon aus Silber mit eingravierten Zahlen-Yantras zur Stärkung aller funktional positiven Planeten. Dies bewirkt einen umfassenden Schutz der schwachen Planeten und der von ihnen beherrschten Lebensbereiche.

FUNKTIONAL NEGATIVE PLANETEN TRANSFORMIEREN

4 Gezielt gelebtes Mitgefühl

Wohltätige Handlungen, die gezielt ausgewählt werden, um eine bestimmte negative Planetenenergie umzuwandeln. Auch hierdurch werden die Einflüsse des betroffenen, funktional negativen Planeten ins Positive umgekehrt.

5 Mantras

Meditatives Rezitieren von Sanskrit-Formeln, die den funktional negativen Planeten zugeordnet sind. Hierdurch werden negative Planeteneinflüsse ins Positive umgekehrt beziehungsweise abgeschwächt.

1
Farben
– Positive Planetenkräfte stärken –

Eine sehr einfache, aber effektive Methode, um einen bestimmten funktional positiven Planeten zu stärken, besteht darin, dass man die ihm zugeordnete Farbe auf sich wirken lässt.

Zu diesem Zweck können wir beispielsweise Kleidungsstücke tragen, die entsprechend gefärbt sind. Wir können jedoch auch Bettzeug in der dem betreffenden Planeten zugeordneten Farbe benutzen, was besonders effektiv ist, da wir etwa ein Drittel des Tages im Bett verbringen. Außerdem ist die Phase des Schlafes für die Regeneration von Körper und Geist besonders wichtig, da wir gerade in den Phasen des Tiefschlafes und Traumes für feinstoffliche und energetische Einflüsse besonders offen sind. Wir empfangen Farben nämlich nicht nur visuell, sondern nehmen sie über unsere Haut und das uns umgebende Energiefeld der Aura ebenfalls wahr. So wie viele Menschen die Aura als farbige Lichterscheinung um den physischen Körper herum sehen können, so tritt die Aura mit den Energien und Eigenschaften ihrer Umgebung in Resonanz.

Dieser Zuordnung entsprechend gibt es für jeden Aszendenten förderliche und ungünstige Farben, je nach der funktionalen Natur der zugeordneten Planeten. Die nachfolgenden Tabellen zeigen die Zusammenhänge.

Eine weitere sehr wirkungsvolle Methode, mit den Farben der zu stärkenden Planeten zu arbeiten, besteht darin, farbiges Licht in den Wohn- und Arbeitsräumen zu verwenden. Die Wellen des Lichtes treten mit dem elektromagnetischen Feld des Körpers in Wechselwirkung und üben auf diese Weise einen tiefen Einfluss auf den Körper und den Geist aus.

Besonders wirkungsvoll ist der Einsatz von Farben bei der Vorbeugung und Therapie psychischer und emotionaler Störungen. Hierbei wurden sehr gute Ergebnisse bei der unterstützenden Behandlung von Epilepsie, Depressionen und anderen psychischen Störungen erzielt. Auch energetische Störungen der Aura, die ebenfalls häufig mit dem emotionalen Befinden des Menschen zusammenhängen, lassen sich durch den auf diese Weise gezielten Einsatz von Farben ausgleichen.

Die Farben der funktional negativen Planeten zu vermeiden ist ebenso wichtig, wie Farben der funktional positiven Planeten anzuwenden. Trägt beispielsweise jemand mit Aszendent Krebs gelbe Kleidung und befindet sich in einem Raum, dessen Wände gelb gestrichen sind, so wird auf diese Weise Jupiter, dem die Farbe Gelb zugeordnet ist, gestärkt, sodass seine negative Wirkung mit Aszendent Krebs unterstützt wird. Für einen solchen Menschen ist Jupiter nämlich ein funktionaler Übeltäter und verursacht daher im Leben des Betreffenden Krankheiten, Feindschaften und Schulden. Daher sollte jeder mit Aszendent Krebs im Geburtshoroskop die Farbe Gelb weitestgehend vermeiden. Das bedeutet natürlich nicht, dass man sich weigern sollte, einen gelb gestrichenen Raum zu betreten oder ein gelbes Auto zu fahren. Wir sollten also nicht in Extreme verfallen, sondern vor allem in jenen Situationen, in denen wir bewusst eine Farbe wählen können, besonders auf diese Zusammenhänge achten.

Eine starke positive Wirkung können wir durch den Einsatz von farbigem Vollspektrumlicht* erzielen, das von seiner Farbqualität her weitestgehend dem natürlichen Licht der Sonne entspricht. Besonders bei der Vorbeugung und unterstützenden Therapie bestimmter Krankheiten können Farben gezielt zum Einsatz kommen.

Planeten und Farbzuordnungen

Planet	Resonanzfarbe
Sonne	Kupferfarben, Orange
Mond	Weiß, Silbrig
Mars	kräftiges, leuchtendes Rot
Jupiter	Gelb, Golden
Venus	Königsblau, Himmelblau
Saturn	Schwarz
Rahu	Grau, Stahlgrau
Ketu	Braun

* Leuchtstoffröhren, die das Farbspektrum der Sonne annähernd simulieren und den Menschen daher mit allen lebenswichtigen Frequenzen versorgen.

Aszendenten und Farbzuordnungen

Aszendent	Zu vermeidende Farben	Förderliche Farben
Widder	Grün, Grau und Braun	Orange, Weiß, Rot, Gelb, Königsblau, Schwarz
Stier	Königsblau, Gelb, Rot, Grau und Braun	Orange, Weiß, Grün, Schwarz
Zwillinge	Grau und Braun	Orange, Weiß, Rot, Grün, Gelb, Königsblau, Schwarz
Krebs	Schwarz, Gelb, Grau und Braun	Orange, Weiß, Rot, Grün, Königsblau
Löwe	Weiß, Grau und Braun	Orange, Rot, Grün, Gelb, Königsblau, Schwarz
Jungfrau	Schwarz, Rot, Orange, Grau und Braun	Weiß, Grün, Gelb, Königsblau
Waage	Grün, Grau und Braun	Orange, Weiß, Rot, Gelb, Königsblau, Schwarz
Skorpion	Rot, Königsblau, Grau und Braun	Orange, Weiß, Grün, Gelb, Schwarz
Schütze	Weiß, Grau und Braun	Orange , Rot, Grün, Gelb, Königsblau, Schwarz
Steinbock	Orange, Gelb, Grau und Braun	Weiß, Rot, Grün, Königsblau, Schwarz
Wassermann	Weiß, Grün, Grau und Braun	Orange, Rot, Gelb, Königsblau, Schwarz
Fische	Orange, Königsblau, Schwarz, Grau und Braun	Weiß, Rot, Grün, Gelb

Farben und andere Hilfsmittel, die man mit einem bestimmten Aszendenten meiden oder bevorzugen sollte, werden in dem Kapitel «Die vedischen ‹Zaubermittel› für jeden Aszendenten» ab Seite 99 zusammenfassend aufgeführt. Du kannst dort vorab unter deinem persönlichen Aszendenten nachschlagen.

2
Edelsteine
– Schutz vor negativen Kräften –

Die Wirkung von Edelsteinen auf den Menschen ist qualitativ mit der von Farben vergleichbar. Jede Farbe besitzt eine bestimmte Frequenz, mit der das Licht, das sie vermittelt, schwingt. Sie entspricht der Frequenz des Planeten, der durch diese Farbe repräsentiert wird. So entspricht beispielsweise die Frequenz gelben Lichts der Schwingungsfrequenz, mit der der Planet Jupiter im Skalarwellenbereich schwingt.

Jeder Gegenstand in dieser Welt, dessen Eigenfrequenz sich mit der Schwingungsfrequenz von Jupiter in Resonanz befindet, steht daher durch die Vermittlung von Skalarwellen mit diesem in Verbindung. Durch die Skalarwellen überträgt Jupiter seine Energie auf die mit ihm in Resonanz stehenden Gegenstände. Die gleichen Gegenstände können diese Energie dann wiederum auf demselben Wege, das heißt, durch eine weitere Skalarwellenresonanz mit einem beliebigen anderen Gegenstand, der die gleiche Resonanzfrequenz besitzt, übertragen. Auf diese Weise entsteht ein komplexes Netz feinster energetischer Beziehungen, das durch Skalarwellenresonanzen auf den unterschiedlichsten Oktaven gesponnen wird.

Um bei unserem Beispiel zu bleiben, betrachten wir zunächst einmal die Energie von Jupiter. Die ursprüngliche Energiequelle in unserem Sonnensystem ist die Sonne. Sie empfängt ihre Kraft wiederum durch eine Skalarwellenresonanz von der Zentralsonne des ihr übergeordneten Sternensystems. Die Sonne versorgt mit Hilfe von Skalarwellenresonanzen in unterschiedlichen Frequenzen die Planeten ihres Systems mit jeweils einer ganz spezifischen Energie. Jupiter repräsentiert eine dieser Energiequalitäten und gibt diese wiederum mit Hilfe von Skalarwellen an alle Gegenstände ab, deren Frequenz mit ihm in Resonanz steht, zum Beispiel ein gelber Gegenstand durch die Frequenz der Farbe Gelb. Tragen wir nun ein gelbes Kleidungsstück, so kann dieses wiederum die gleiche Jupiter-Energie an die Teile unseres Körpers abgeben, die mit dieser Frequenz schwingen. Hierzu gehören die Leber, die Hüfte und die Bauchspeicheldrüse. Ist nun der Planet Jupiter für den betreffenden Menschen ein Planet mit negativer Wirkung, wie im Beispiel des Aszendenten Krebs, so wird diese Energie die entsprechenden

Körperteile schädigen. Daher sollte man mit Aszendent Krebs möglichst auf gelbe Kleidungsstücke, gelbes Licht oder gelbe Tapeten in seinem Schlafzimmer verzichten.

Ein Edelstein besitzt durch seine exakte und feine kristalline Struktur ein klarer definiertes Spektrum von Resonanzfrequenzen. Auf diesen Frequenzen, die im Allgemeinen auch der äußerlich sichtbaren Farbe des Edelsteins entsprechen, tritt jeder Stein mit einem bestimmten Planeten oder Stern in Resonanz. Auf Grund seiner hohen Ordnungsstruktur ist ein reiner Edelstein ein besonders guter Empfänger und Sender der Skalarwellen des ihm zugeordneten Planeten. Er hat auf diese Weise die Fähigkeit, die Energie eines bestimmten Planeten zu empfangen, aufzunehmen und zu speichern, um sie dann in einer weiteren Resonanz mit einem anderen Gegenstand oder einem Lebewesen wieder abzugeben. Daher kann ein richtig ausgewählter Edelstein, der in Übereinstimmung mit dem Aszendenten eines Menschen bestimmt wird, diesem genau die Energie geben, die er braucht.

Analog zur Korrektur geschwächter, funktional positiver Planeten durch die ihnen entsprechenden Farben kann man einen Planeten dadurch stärken, dass man den ihm zugeordneten Edelstein am Körper trägt. Es gilt hierbei das gleiche Prinzip: Nur die Planeten dürfen gestärkt werden, die im Horoskop eines bestimmten Menschen einen positiven Einfluss ausüben, das heißt, nur die funktional positiven Planeten. Die funktional negativen Planeten dürfen auf keinen Fall durch die ihnen zugeordneten Edelsteine gestärkt und weiter aktiviert werden, da sonst ihre negative Wirkung auf uns zunehmen würde.

Aus der anschließenden Tabelle kann man ablesen, welche Edelsteine für einen bestimmten Aszendenten förderlich sind und welche auf keinen Fall getragen werden sollten.

Die dann nachfolgende Tabelle ordnet jedem Planeten die Edelsteine zu, die mit seiner Energie in Resonanz stehen.

Dem persönlichen Aszendenten entsprechend kann man sich aus der Liste der Planeten/Edelsteinzuordnungen einen Stein auswählen, der einen beliebigen funktional positiven Planeten stärkt. Dies ist auf unterschiedliche Weise möglich. Ein häufig angewandtes Verfahren besteht darin, den Planeten mit Hilfe eines Edelsteins zu stärken, der das Tierkreiszeichen des Aszendenten beherrscht. Dieses Prinzip beschreibt der anschließende Abschnitt.

Aszendent mit günstigen und ungünstigen Edelsteinen

Aszendent	ungünstige Steine	förderliche Steine
Widder	Smaragd, Hessonit, Katzenauge	Rubin, Perle, rote Koralle, gelber Saphir, blauer Saphir
Stier	Diamant, gelber Saphir, rote Koralle, Hessonit, Katzenauge	Rubin, Perle, Smaragd, blauer Saphir
Zwillinge	Hessonit, Katzenauge	Rubin, Perle, rote Koralle, Smaragd, gelber Saphir, Diamant, blauer Saphir
Krebs	gelber Saphir, blauer Saphir, Hessonit, Katzenauge	Rubin, Perle, rote Koralle, Smaragd, Diamant
Löwe	Perle, Hessonit, Katzenauge	Rubin, rote Koralle, Smaragd, gelber Saphir, Diamant, blauer Saphir
Jungfrau	blauer Saphir, rote Koralle, Rubin, Hessonit, Katzenauge	Perle, Smaragd, gelber Saphir, Diamant
Waage	Smaragd, Hessonit, Katzenauge	Rubin, Perle, rote Koralle, gelber Saphir, Diamant, blauer Saphir
Skorpion	rote Koralle, Diamant, Hessonit, Katzenauge	Rubin, Perle, Smaragd, gelber Saphir, blauer Saphir
Schütze	Perle, Hessonit, Katzenauge	Rubin, rote Koralle, Smaragd, gelber Saphir, Diamant, blauer Saphir
Steinbock	Rubin, gelber Saphir, Hessonit, Katzenauge	Perle, rote Koralle, Smaragd, Diamant, blauer Saphir
Wassermann	Perle, Smaragd, Hessonit, Katzenauge	Rubin, rote Koralle, gelber Saphir, Diamant, blauer Saphir
Fische	Rubin, Diamant, blauer Saphir, Hessonit, Katzenauge	Perle, rote Koralle, Smaragd, gelber Saphir

Planeten und Edelsteinzuordnungen

Planet	Stein
Sonne	Rubin
Mond	Perle, Mondstein
Mars	rote Koralle
Merkur	Smaragd
Jupiter	gelber Saphir
Venus	Diamant
Saturn	blauer Saphir
Rahu	Hessonit
Ketu	Katzenauge

Die Gesundheit stärken
– mit dem Aszendentenherrscher –

Der Herrscher des Aszendenten fördert neben der Gesundheit und körperlichen Konstitution auch die Vitalität und persönliche Erscheinung des betreffenden Menschen. *Dies ist jedoch nur für solche Aszendenten möglich, die von einem funktional positiven Planeten beherrscht werden.* Bei den übrigen Aszendenten, wie Stier und Skorpion, steht stellvertretend die Sonne als Signifikator für Gesundheit und körperliche Konstitution. Aus der folgenden Tabelle kann man für jeden Aszendenten den zugehörigen Planetenherrscher bzw. Sonne-Signifikator und den entsprechenden Edelstein ablesen.

Aszendent und bevorzugter Edelstein

Aszendent	Zu stärkender Planet	Edelstein
Widder	Mars	rote Koralle
Stier	*Sonne*	Rubin
Zwillinge	Merkur	Smaragd
Krebs	Mond	Perle
Löwe	Sonne	Rubin
Jungfrau	Merkur	Smaragd
Waage	Venus	Diamant
Skorpion	*Sonne*	Rubin
Schütze	Jupiter	gelber Saphir
Steinbock	Saturn	blauer Saphir
Wassermann	Saturn	blauer Saphir
Fische	Jupiter	gelber Saphir

Den anhand dieser Liste ausgewählten Edelstein trägt man zur Stärkung am Körper – und stärkt damit zugleich seinen Aszendentenherrscher.

Der Einfluss der Edelsteine auf Körper, Geist und Schicksal

Jeder der empfohlenen Edelsteine besitzt eine ganz spezifische Wirkung auf den feinstofflichen Körper des Menschen, die in erster Linie durch den mit ihm in Resonanz stehenden Planeten bestimmt wird.

Weil einige der erwähnten Edelsteine in der Anschaffung recht teuer sind, gibt es die Möglichkeit, diese durch andere, weniger teure Steine zu ersetzen. Da ein Stein, um eine optimale Wirkung zu erzielen, eine bestimmte Größe haben sollte, ist es im Einzelfall besser, einen größeren Ersatzstein zu verwenden als einen sehr kleinen teuren Stein. Die untenstehende Liste führt die günstigeren Ersatzsteine auf.

Werden die Steine in einen Ring eingefasst, so sollte die Fassung von unten offen sein, um den direkten Kontakt des Steins mit der Haut zu ermöglichen.

Anschließend werden dann die Qualitäten der einzelnen Edelsteine genauer beschrieben.

Edelsteine und mögliche Ersatzsteine (Halbedelsteine)

Edelstein	Ersatzstein
Rubin	roter Granat, Sonnenstein, roter Turmalin
Perle	Mondstein
rote Koralle	roter Jaspis, Karneol, rosa Koralle
Smaragd	Jade, grüner Turmalin
gelber Saphir	gelber Topas, Citrin
Diamant	transparenter Citrin, transparenter Saphir
blauer Saphir	Amethyst, Lapislazuli

Rubin

Der Rubin stärkt das Herz, fördert die Verdauung und den Blutkreislauf, erhöht die Energie im Körper und stärkt das Element Feuer. Seine eigene Energie ist heiß und besteht vor allem aus den Elementen Feuer, Luft und Äther. Der Rubin stärkt die Willenskraft, fördert die Unabhängigkeit, gibt Einsicht und Kraft. Als Stein der Könige wird er im Allgemeinen in Gold eingefasst und am Ringfinger der rechten Hand getragen.

Perle

Die Perle fördert den Kreislauf der Flüssigkeiten und des Blutes im Körper und unterstützt die Ernährung des Körpergewebes und der Nerven. Ihre Energie ist eher kalt und setzt sich vor allem aus den Elementen Wasser, Erde und Äther zusammen. Die Perle stärkt die weiblichen Fortpflanzungsorgane, unterstützt die Fruchtbarkeit und beruhigt die Emotionen. Sie wird im Allgemeinen in Silber eingefasst und am Ringfinger der linken Hand getragen.

Rote Koralle

Die rote Koralle stärkt das Blut und die Fortpflanzungsorgane, verbessert die energetische Situation und beruhigt die Emotionen. Ihre Energie ist warm und besteht vor allem aus den Elementen Erde, Wasser und Feuer. Die Wirkung der roten Koralle ist aphrodisierend, sie besitzt vor allem männliche Kraft, unterstützt den Aufbau des Fleisches und der Muskeln, gibt Mut und erhöht die Kapazität, körperliche Arbeit zu leisten. Sie wird im Allgemeinen in Silber eingefasst und am Ring- oder Zeigefinger getragen.

Smaragd

Der Smaragd beruhigt den Geist und die Emotionen, reguliert das Nervensystem und hilft bei Nervenschmerzen. Er unterstützt die Sprache und die Intelligenz. Er besitzt eine kühlende Energie und besteht vor allem aus den Elementen Äther, Wasser und Luft. Der Smaragd fördert die Heilungskräfte des Körpers, stärkt den Atem und die Lungen und die Flexibilität des Geistes. Seine Wirkung ist generell harmonisierend und unterstützt die Heilung bei Krebs und anderen degenerativen Krankheiten. Für Menschen, bei denen im Körper das Element Feuer überwiegt, wird der Smaragd in Silber gefasst. Bei anderen Menschen, deren Konstitution eher von den Elementen Erde, Wasser und Luft beherrscht wird, ist eine Goldfassung vorzuziehen. Der Smaragd wird am Mittelfinger oder am kleinen Finger getragen.

Gelber Saphir

Der gelbe Saphir gibt Energie und Vitalität und ist im Allgemeinen einer der besten Steine, um die Gesundheit zu fördern. Dies gilt jedoch nur für Menschen, bei denen Jupiter ein funktional positiver Planet ist. Der gelbe Saphir reguliert die Hormone und erhöht die Lebenskraft. Seine Energie ist warm und gleicht im Körper alle Elemente aus. Der gelbe Saphir kann bei Diabetes eingesetzt werden und in der Rekonvaleszenz. Er setzt sich vor allem aus den Elementen Äther, Feuer und Wasser zusammen und wird im Allgemeinen in Gold eingefasst und am Zeigefinger getragen.

Diamant

Die Energie des Diamanten ist neutral und besteht aus allen fünf Elementen. Er stärkt die Nieren und das Fortpflanzungssystem. Der Diamant unterstützt die Lebenskraft, Schönheit, Kraft, den Charme und fördert die kreativen Fähigkeiten. Bei besonders gefährlichen Krankheiten kann der Diamant einen guten Schutz gewähren, falls der betreffende Mensch eine funktional positive Venus besitzt. Der Diamant wird im Allgemeinen in weißes Gold eingefasst und am Mittelfinger oder am kleinen Finger getragen.

Blauer Saphir

Die Energie des blauen Saphirs ist kalt, sie besteht vor allem aus den Elementen Äther und Luft. Er ist bei Infektionen hilfreich und beschützt vor allen Arten negativer Energien. Seine Wirkung ist gegen Tumore gerichtet und hilft dabei, das Gewicht des Körpers zu reduzieren. Der blaue Saphir stärkt die Knochen, erhöht die Lebensdauer und hilft dabei, die Nerven und Emotionen zu beruhigen. Auch fördert er Frieden und Loslösung. Wiederum wird er bei Menschen mit erhöhtem Feuer in Silber eingefasst, während er bei Menschen, deren Konstitution sich vor allem aus den Elementen Erde, Wasser und Luft zusammensetzt, in Gold eingefasst werden sollte. Er wird am Mittelfinger getragen.

Wie die Edelsteine am besten getragen werden

Hat man nach den obigen Anleitungen einen oder mehrere Edelsteine ausgewählt, so kann man diese als Schmuckstück am Körper tragen, um die ihnen entsprechenden Planeten zu stärken. Je näher Edelsteine am Körper beziehungsweise am betroffenen Bereich des Körpers getragen werden, desto größer ist ihre Wirkung.

Im Allgemeinen trägt man einen Edelstein entweder in einen Ring eingefasst am Finger oder an einer Kette um den Hals. Edelsteine, die an den Fingern getragen werden, wirken sich vor allem auf die Psyche und den feinstofflichen Bereich aus, beeinflussen hierüber jedoch auch den grobstofflichen Körper und damit die Gesundheit. Edelsteine, die um den Hals getragen werden, wirken sich überwiegend direkt auf den physischen Körper und die Gesundheit aus.

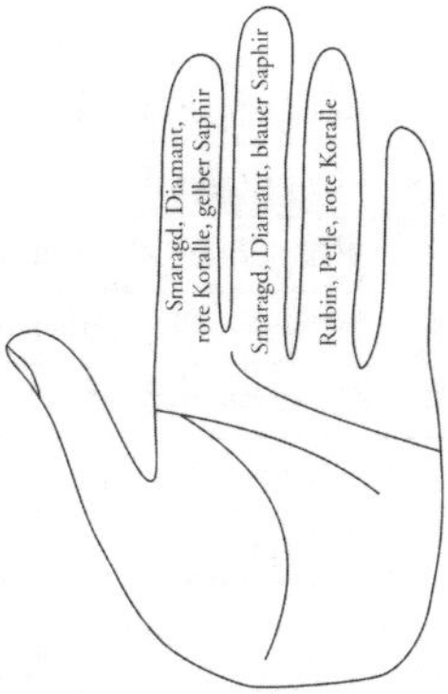

Zuordnung der Edelsteine zu den Fingern

Das Metall, aus dem der Ring beziehungsweise die Kette besteht, sollte ebenfalls in Übereinstimmung mit dem Aszendenten ausgewählt werden, da auch die Metalle mit den Planeten in Resonanz stehen. Die wichtigsten Metalle zum Einfassen von Ringen sind Silber, Gold, Kupfer und Eisen. Silber repräsentiert die Kraft des Mondes, Gold die von Jupiter, Kupfer die der Sonne und Eisen die Kraft von Mars. Man sollte das verwendete Metall so auswählen, dass es nicht die Kraft eines funktional negativen Planeten im eigenen Horoskop stärkt. Möchte beispielsweise jemand mit Aszendent Krebs eine Perle zur Stärkung des Mondes tragen, dem Herrscher seines Aszendenten, so kann er diese in Silber fassen. Silber repräsentiert ebenfalls die Kraft des Mondes und unterstützt damit die Wirkung der Perle. Gold entspräche dem Planeten Jupiter, der für den Aszendenten Krebs eine negative Funktion besitzt. Daher ist in diesem Falle Silber das geeignete Material.

Weiterhin sollte man beim Anlegen eines Edelsteinringes darauf achten, dass dieser auf dem richtigen Finger platziert wird. Jedem Planeten ist einer der zehn Finger zugeordnet. Man sollte der folgenden Tabelle entsprechend den richtigen Finger auswählen, um mit Hilfe des betreffenden Edelsteins einen bestimmten Planeten zu stärken.

Ebenso wichtig ist es, für das Anlegen des Edelsteins, das heißt, den Augenblick, an dem man zum ersten Mal den Ring auf den entsprechenden Finger schiebt oder die Kette anlegt, einen günstigen astrologischen Zeitpunkt zu bestimmen.

Edelsteine und Fingerzuordnungen

Edelstein	an folgendem Finger getragen:
Rubin	Ringfinger der linken Hand
Perle	Ringfinger der linken Hand
rote Koralle	Ring- oder Zeigefinger der linken Hand
Smaragd	Mittel- oder Zeigefinger
gelber Saphir	Zeigefinger
Diamant	Mittel- oder Zeigefinger
blauer Saphir	Mittelfinger

Diese Momente sollten eine besonders hohe Qualität besitzen und sind daher relativ selten. Die Qualität des Zeitpunktes trägt entscheidend zur Wirkung des Steins auf den Menschen bei (siehe Seite 55 und 73).

Um zu erfahren, welcher Stein für dich empfohlen wird, um bestimmte Lebensbereiche oder Organe zu stärken und zu schützen, schaust du einfach unter deinem individuellen Aszendenten ab Seite 99 nach.

Bei der Auswahl eines Edelsteins muss unbedingt auf die Qualität geachtet werden. Steine mit Sprüngen, Einschlüssen, Blasen oder starker Wolkenbildung sind nicht geeignet und können sogar entgegengesetzte, also ungünstige Wirkungen haben. Du solltest daher nur sogenannte «augenreine» Steine tragen, die mit bloßem Auge keine der vorher erwähnten Unreinheiten erkennen lassen. Ideal wären «lupenreine» Steine, die selbst bei Betrachtung mit einer Lupe keine Verunreinigungen oder Schäden aufweisen, diese sind jedoch sehr selten und recht teuer. Daher empfehle ich, zumindest augenreine Steine zu verwenden.

Wichtig ist zudem, dass die Steine bei ihrer Verarbeitung nicht radioaktiv bestrahlt wurden, was leider heutzutage gang und gäbe ist. Solche Steine büßen ebenfalls einen großen Teil ihrer Kraft ein und können eine störende Wirkung entfalten. Lass Dir daher versichern, dass die Steine nicht bestrahlt wurden. Einige Händler geben hierfür eine Garantie. Wende dich bitte an mich, wenn du bei der Auswahl eines Steins Hilfe benötigst. Meine Adresse findest du im Anhang.

3
Kavacas (Zahlen-Yantras)
– *Basisschutz mit Zahlenqualitäten* –

Die wirkungsvollste Weise, die funktional positiven Planeten zu stärken, besteht für dich darin, ein Medaillon mit den diesen Planeten zugeordneten Zahlen-Yantras zu tragen.

Ein Zahlen-Yantra oder *Kavaca,* wie es in Indien bezeichnet wird, ist eine quadratische Anordnung von drei mal drei Zahlen, deren Kombination auf der ätherischen Ebene mit dem zugeordneten Planeten in Resonanz steht. Die mystische Symbolik der Zahlenquadrate, auch magische Quadrate genannt, wurde in allen großen alten Kulturen eingesetzt, um Planeteneinflüsse zu korrigieren. Ein Kavaca wirkt wie ein energetischer Schutzschild.

Dem System der Zahlenquadrate liegt das Verständnis zugrunde, dass Zahlen nicht nur Quantitäten sind, sondern in erster Linie Qualitäten. Jede Zahl verkörpert eine bestimmte Energiequalität, worauf auch die Numerologie beruht.

Die Qualität der Zahl

Die besondere Kraft der magischen Quadrate besteht in der Beziehung der einzelnen Zahlen untereinander. Ebenso wie die moderne Physik ihre Beobachtungen und Gedankenmodelle auf der quantitativen Ebene mit Hilfe von Zahlen beschreibt und so über die Methoden der Mathematik eine fast unglaubliche Kontrolle über die materielle Energie entwickelt hat, so versteht es der Mystiker, die qualitativen, feinstofflichen und geistigen Aspekte des Seins mit Hilfe von Zahlen zu beschreiben und mit diesen auf einer energetischen Ebene in Resonanz zu treten – mit dem Ziel der Transformation.

Die besondere Wirkung der Zahlenquadrate manifestiert sich in der Beziehung der einzelnen Ziffern zueinander, durch die ein komplexes Netzwerk geistiger und mathematischer Qualitäten entsteht. Eine Beziehung zweier Zahlen entsteht beispielsweise durch die Division beider Zahlen. Dabei erhält man ihr Verhältnis zueinander, das auch als Proportion bezeichnet wird. Eine solche Proportion ist eine Energiequalität. Diese lässt sich als ein Intervall in der Musik hörbar darstellen. So stehen beispielsweise die Zahlen 2 und 3 in einem Verhältnis, das in der Musik als Quinte erklingt. Das Verhältnis von 3 zu 4 erklingt als Quarte. Die gleichen Zahlenverhältnisse lassen sich als Proportionen von Gebäuden in der Architektur oder im Mischungsverhältnis chemischer Substanzen darstellen, wodurch die gleiche Qualität auf unterschiedliche Art und Weise zum Ausdruck kommt. Die komplexen geistigen Beziehungsmuster der Zahlen eines magischen Quadrates wirken auf der Informationsebene, auf der auch die Homöopathie oder die Radionik wirkt.

Alle Energiefelder dieser Welt, ob grobstofflich physikalische oder feinstofflich bewusste Felder, werden durch ein ihnen zugrunde liegendes Informationsfeld gesteuert. Der effektivste Zugriff auf die Steuerung der materiellen Wirklichkeit geschieht durch den gezielten Einsatz geistiger Symbole an besonders sensiblen Punkten der Raum-Zeit. So können beispielsweise zwei äußerlich identische Zahlenquadrate nicht die gleiche Wirkung besitzen. Ihre Wirkung hängt davon ab, wo sie zu welchem Zeitpunkt von welcher Person mit welcher Intention gezeichnet wurden.

Die Wirksamkeit eines magischen Zahlenquadrates hängt damit von seinem geistigen und materiellen Zusammenhang ab.

Sonnen-Yantra

6	1	8
7	5	3
2	9	4

Merkur-Yantra

9	4	11
10	8	6
5	12	7

Saturn-Yantra

12	7	14
13	11	9
8	15	10

Mond-Yantra

7	2	9
8	6	4
3	10	5

Jupiter-Yantra

10	5	12
11	9	7
6	13	8

Mars-Yantra

8	3	10
9	7	5
4	11	6

Venus-Yantra

11	6	13
12	10	8
7	14	9

Die Zahlen-Quadrate aller Planeten

Die Qualität des Materials

Entscheidend für die Wirkung eines Kavacas ist auch das Material, auf das dieses Symbol aufgetragen wird. Obwohl es ein rein geistiges Prinzip ist, bedarf es eines materiellen Trägers, der es in einen bestimmten Punkt in Raum und Zeit hineinwirken lässt. Ebenso wie ein homöopathisches Medikament, dessen Schwingungspotenz auf ein kleines Zuckerkügelchen übertragen wurde, in seiner Wirksamkeit letztlich nichts mit der Substanz des Zucker zu tun hat und man durch die Untersuchung des Zuckers auf der molekularen und atomaren Ebene auch keinen Aufschluss über die Wirksamkeit des homöopathischen Mittels gewinnt, so kann man die Wirkung eines in Silber geprägten Kavacas nicht über die Untersuchung des Silberamulettes verstehen. Trotzdem eignen sich unterschiedliche Materialien unterschiedlich gut, um die aufgetragenen Informationen zu konservieren und wirken zu lassen. Beispielsweise eignet sich Zucker oder Alkohol als Trägersubstanz für homöopathische Medikamente besser als ein Würfel Kampfer oder eine Kamillenessenz, da solche Substanzen viel zu starke Eigeninformationen und -schwingungen besitzen.

Für Kavacas am besten geeignet sind edle Metalle, wie Silber und Gold, in welche die entsprechenden Zahlenkombinationen eingraviert werden.

Die Qualität der Zeit

Entscheidend für die Wirksamkeit eines solchen Kavaca ist ferner der Zeitpunkt, an dem die Gravur vorgenommen wird. Alle Ereignisse dieser Welt tragen die Qualität des Zeitpunktes in sich, zu dem sie sich ereignen beziehungsweise zu dem sie beginnen.

Ebenso wie sich die Biografie und die Wesensart eines Menschen mit Hilfe der Astrologie aus dem Augenblick seiner Geburt bestimmen lassen, so hängt auch die energetische Qualität eines Zahlenquadrates von der Qualität des Zeitpunktes ab, an dem es gefertigt wird. Ein für die Anfertigung solcher höchst effektiven Zahlen-Yantras geeigneter Zeitpunkt kommt äußerst selten vor. In den meisten Jahren gibt es maximal zwei solcher Zeitphasen, die jeweils ungefähr 10 bis 20 Minuten andauern. Ein solcher Zeitpunkt zeichnet sich dadurch aus, dass sowohl die Häuser als auch die Planeten frei von negativen Einflüssen sind und gleichzeitig von funktional positiven Planeten unterstützt werden. Ein

Kind, das zu einem solchen Zeitpunkt geboren wird, würde in dieser Welt ein sehr glückliches Schicksal erwarten. Ebenso kann ein Yantra, das zu einem solchen Zeitpunkt manifestiert wird, einen besonders starken positiven Einfluss auf die Stärkung des Horoskops eines Menschen ausüben, wenn das Yantra individuell auf dieses abgestimmt ist.

Die Qualität des heiligen Ortes

Auch der Ort, an dem ein solches Kavaca gefertigt wird, beeinflusst dessen Qualität und Wirkung. Am besten eignet sich hierfür ein heiliger Ort oder ein Kraftort, das heißt, ein Ort, der entweder von Natur aus sehr starke positive heilende Kräfte besitzt oder der durch glückverheißende spirituelle Tätigkeiten und Zeremonien eine solche Kraft erhalten hat. Auch ist es wichtig, den Ort und den Zeitpunkt mit Hilfe der Astrologie aufeinander abzustimmen.

Die Kombination aller Qualitäten

Hat man sowohl den richtigen Ort als auch den richtigen Zeitpunkt, das richtige Material und die richtige Zahlenkombination gewählt, so gibt es noch einen weiteren wichtigen Faktor zu beachten. Das Bewusstsein der Person, die das Kavaca herstellt, beeinflusst die Qualität der Wirkung ebenfalls. Daher sollten Zahlen-Yantras am besten von Menschen hergestellt werden, die ein Leben nach spirituellen Prinzipien führen.

Sind all diese Faktoren erfüllt, so wird durch die Gravur des Kavaca die starke heilende Kraft dieses besonderen Zeitpunktes auf das Silber- beziehungsweise Goldplättchen übertragen.

Weiterhin ist auch der Zeitpunkt wichtig, an dem das Kavaca zum ersten Mal angelegt wird. Am besten trägt man ein solches als Amulett an einer silbernen oder goldenen Kette um den Hals, wenn man eine optimale Wirkung erreichen will.

Der wichtigste Grundsatz bei der Anfertigung eines individuellen Zahlen-Yantra ist, dass nur die funktional positiven Planeten gestärkt werden dürfen. Würde beispielsweise jemand mit Aszendent Krebs ein Saturn-Yantra um den Hals tragen, so würde dadurch Saturn in seinem Geburtshoroskop gestärkt werden, der im Falle des Aszendenten Krebs ein funktional negativer Planet ist. Dadurch würde der negative Einfluss von Saturn noch weiter gestärkt werden. Daher sollte man bei einem bestimmten Aszendenten nur die Yantras der funktional positiven «Wohltäter»-Planeten verwenden. Das Kavaca für den Aszendenten Krebs würde daher aus den magischen Quadraten für die Sonne, den Mond, Mars, Merkur und Venus bestehen. Die Zahlenquadrate der vier «Übeltäter» für den Krebs, nämlich Saturn, Jupiter, Rahu und Ketu, dürfen nicht hinzugefügt werden.

Das Zahlen-Yantra für den Aszendenten Krebs besteht aus den magischen Quadraten der fünf positiven Planeten dieses Aszendenten (das fünfte Quadrat befindet sich auf der Rückseite)

Die Wirkung der Zahlen-Yantras

Sofern bei der Herstellung eines Kavaca alle zuvor aufgeführten Aspekte berücksichtigt wurden, werden alle funktional positiven Planeten des Horoskops gestärkt und zugleich vor den Angriffen funktional negativer Planeten beschützt.

Durch die Stärkung der positiven Planeten werden gleichzeitig die Häuser/Lebensbereiche beschützt, deren Herrscher sie sind (siehe auch Seite 21 ff.). Ist beispielsweise der Planet Mars ein funktional positiver Planet für einen bestimmten Aszendenten, so werden durch sein magisches Quadrat nicht nur seine allgemeinen Kennzeichen wie Energie, Durchsetzungsvermögen, Kraft und Schnelligkeit gefördert, sondern auch die Lebensbereiche, welche den beiden Häusern zugeordnet sind, die von Mars beherrscht werden. Im Falle des Aszendenten Krebs sind dies das 10. Haus (Widder) und das 5. Haus (Skorpion). Somit werden auch die Bedeutungen dieser beiden Häuser, nämlich Beruf, Kinder, kreative Intelligenz und Emotionen gestärkt. Auf dieser Grundlage kann man durch den gezielten Einsatz von Farben und Edelsteinen, wie es weiter oben beschrieben wurde, den bereits gestärkten Planeten zusätzliche Kraft verleihen.

Dein persönliches Kavaca kannst du dir entweder zu einem günstigen Zeitpunkt selbst anfertigen oder bei der im Anhang angegebenen Bezugsquelle (Seite 212) bestellen.

Wenn zusätzlicher Schutz benötigt wird

Der hierdurch erzielte Schutzeffekt ist in den meisten Fällen sehr stark spürbar. Die gestärkten Planeten sind auf diese Weise gegenüber den Beeinträchtigungen durch negative Planeten bis zu einem gewissen Grad beschützt. Lediglich in Zeiten von aggressiven Angriffen solcher Planeten im so genannten Transit (bei bestimmten planetaren Konstellationen) oder wenn sie zu gewissen Zeiten zu den beherrschenden Kräften im Horoskop eines Menschen werden, mag der durch das Kavaca, durch Edelsteine und die entsprechende Farbauswahl erzielte Schutzeffekt nicht ausreichen.

Da im Geburtshoroskop nahezu jedes Menschen solche Angriffspunkte angelegt sind und darüber hinaus in regelmäßigen Abständen ungünstige Planetenkonstellationen auftreten, ist es sinnvoll, zusätzliche Maßnahmen zu ergreifen, die sich auch auf die funktional negativen Planeten beziehen.

Dies kann jedoch nicht mehr mit Hilfe der passiven Maßnahmen, das heißt, durch den Einsatz von Farben, Edelsteinen und Kavacas geschehen, sondern nur durch ein aktives Zugehen auf den funktional negativen Planeten als jeweiligen Verursacher. Dies geschieht traditionellerweise mit Hilfe von Mantras, der so genannten *Puja* und gezielt praktiziertem Mitgefühl. Diesem Thema ist der nächste Abschnitt gewidmet.

Transformation funktional negativer Planetenkräfte

Die Planeten sind im Grunde genommen nichts anderes als ein Spiegel unserer aktuellen Lebenssituation und unseres Bewusstseins. Hieraus ergibt sich für uns die wichtige Aufgabe, die den funktional negativen Planeten in unserem Horoskop entsprechenden dunklen Aspekte unseres eigenen Bewusstseins mit Licht zu erfüllen, das heißt, unsere eigene negative Energie in positive umzuwandeln. Dieser Prozess muss letztlich in unserem eigenen Inneren stattfinden, kann jedoch durch die Auseinandersetzung mit seiner äußeren Manifestation, der jeweiligen Wirkung des entsprechenden funktional negativen Planeten, unterstützt und vorangetrieben werden.

Nichts ist jedoch schwieriger, als seine eigenen Schattenseiten zu erkennen, sich mit den eigenen Schwächen auseinander zu setzen und diese selbst ohne äußere Hilfe zu überwinden. Daher stellen gerade die Planeten, die einen funktional negativen Einfluss ausüben, unsere wahren Helfer dar. Sie weisen uns nicht nur auf die eigenen Schwächen hin und auf das, was uns in unserem Leben von unserem eigentlichen Selbst und von Gott trennt, sondern sie weisen uns auch den Weg, diese Schwächen zu überwinden.

Die Zusammenhänge, die uns zeigen, worin unsere wirklichen Schwächen bestehen und was unsere eigentlichen Lebensaufgaben und Herausforderungen auch im spirituellen Sinne sind, kann ein erfahrener Astrologe aus dem Horoskop ableiten. An dieser Stelle würde eine solche Betrachtung zu weit führen. Wir werden uns hier jedoch direkt dem Thema zuwenden, wie man die negative Energie eines bestimmten Planeten transformieren kann.

Als erstes ist es wichtig herauszufinden, für welche Planeten eine solche Vorgehensweise besonders angesagt ist. Hierzu betrachten wir für jeden einzelnen Aszendenten die jeweiligen «großen Herausforderer» (funktional negative Planeten) und ihre Wirkungsbereiche, das heißt, welche Schwierigkeiten sie hauptsächlich verursachen. Eine genauere Auflistung findest du nachfolgend unter «Gezielt gelebtes Mitgefühl» sowie unter dem jeweiligen Aszendenten ab Seite 99. Dies gibt anhand der jeweiligen Lebenssituationen allgemeine Hinweise auf den verursachenden negativen Planeten. Gelingt dir anhand dieser Informationen die Identifizierung des betreffenden Planeten nicht, so kannst du aus der folgenden Tabelle für jeden Aszendenten denjenigen Planeten entnehmen, der im Allgemeinen schwerwiegende Probleme verursacht.

Aszendent mit ungünstigstem und bestem Planet

Aszendent	Ungünstigster Planet
Widder	Ketu
Stier	Jupiter
Zwillinge	Ketu
Krebs	Saturn
Löwe	Mond
Jungfrau	Mars
Waage	Merkur
Skorpion	Venus
Schütze	Mond
Steinbock	Sonne
Wassermann	Merkur
Fische	Venus

Um das hier vorgestellte System der Stärkung und des Schutzes praktisch anwenden zu können, solltest du an dieser Stelle entweder mit Hilfe der vorangehenden Tabelle oder mit den detaillierteren Kriterien unter deinem persönlichen Aszendenten («Die vedischen Zaubermittel für jeden Aszendenten», ab Seite 99) die funktional negativen Planeten bestimmt haben, die dir vor allem zu schaffen machen. Dort nämlich kannst du dann mit dem Transformationsprozess besonders effektiv ansetzen.

4
Gezielt gelebtes Mitgefühl
– Die transformierende Aktivität –

Da jeder der neun Planeten einen bestimmten Aspekt unseres Bewusstseins verkörpert, verdienen jene Planeten, die in unserem Horoskop als so genannte »Übeltäter« auftreten, daher unsere besondere Aufmerksamkeit.

Die Energie dieser Planeten wird im Äußeren durch Menschen repräsentiert, die in unserem Leben eine bestimmte Rolle spielen. Beispielsweise steht der Planet Merkur in Beziehung zu Kindern und Studenten, während Jupiter mit unseren Lehrern, Ratgebern und Priestern zusammenhängt. Wenn wir die Herausforderung annehmen und uns diesen Menschen gezielt helfend und unterstützend zuwenden, so transformiert dies die negativen Energien der Planeten ins Positive.

Die nachfolgende Tabelle zeigt die den einzelnen Planeten zugeordneten Personen, denen man sich in Form von gezielt gelebtem Mitgefühl zuwenden sollte, um die negativen Kräfte eines bestimmten Planeten ins Positive zu transformieren. Anschließend werden diese Bezüge ausführlicher beschrieben. Es sei darauf hingewiesen, dass einige von ihnen im kulturspezifisch indischen Zusammenhang zu sehen sind.

Planeten und ihre Personifizierungen

Planet	Personifizierung
Sonne	Vater; väterliche Menschen
Mond	Mutter; mütterliche Menschen
Mars	Männer in Not; Brüder
Merkur	Kinder in Not; bedürftige Studenten
Jupiter	Priester; Ratgeber; Weise
Venus	Frauen in Not; Ehefrau; Künstler in Not
Saturn	alte Menschen in Not; kranke Menschen
Rahu	bedürftige Menschen, die schweres Leid erfahren
Ketu	spirituelle Menschen; Heilige; spirituelle Organisationen

Sonne –
Hilfe für Väter; väterliche Menschen

Die Sonne repräsentiert den Vater und andere ältere Männer, die im Leben des Betreffenden eine größere Autorität besitzen. Eine problematische Beziehung zu dem Vater deutet sich darin an, dass die Sonne im Horoskop Probleme verursacht. Häufig sind solche Beziehungsstörungen dem Betreffenden nicht bewusst. Da diese Dinge bereits im Horoskop angelegt sind, weisen sie darauf hin, dass die Ursachen dafür bereits in einem früheren Leben zu suchen sind.

Eine gezielte bewusste Auseinandersetzung mit der Energie, die der Vater beziehungsweise andere ältere männliche Autoritätspersonen verkörpern, kann dazu führen, dass die bestehende Problematik auf einer tieferen Ebene gelöst wird. Die vedischen Schriften empfehlen in diesem Fall, diesen Personen bewusst und selbstlos Dienst zu erweisen und/oder ihnen substanzielle Hilfe zu leisten. Da der Sonntag mit der Energie der Sonne am stärksten verbunden ist, eignet sich vor allem dieser Tag dafür, solche Dinge in Angriff zu nehmen, um einen tief gehenden dauerhaften Effekt zu erzielen, sodass die negativen Energien umgewandelt werden können. Hierfür sind auch regelmäßige Bemühungen wichtig.

Die vedische Philosophie geht davon aus, dass das Beziehungsgeflecht, in das wir hineingeboren werden, ein Spiegel unseres Bewusstseins und gleichzeitig eine Fortsetzung eines unter Umständen über viele Leben gehenden Wachstums- und Lernprozesses ist. Die mit negativen Energien belastete Sonne ist daher lediglich ein Spiegel dieser negativ belasteten Beziehungsmuster, die sich dann in diesem Leben widerspiegeln und uns so lange mit Schwierigkeiten und Leid konfrontieren, bis wir das Problem an der Wurzel gelöst haben.

Falls der eigene Vater bereits gestorben ist und man in seiner näheren Umgebung keine älteren Männer kennt, denen man helfen könnte, so kann man sich auch an ältere Männer in der Nachbarschaft oder sogar in einem Altersheim wenden, die besonders Hilfe benötigen. Bei einer solchen bewussten Bemühung wird man mit großer Wahrscheinlichkeit Begegnungen machen und in Situationen versetzt werden, die viel mit dem eigentlichen persönlichen Problem zu tun haben.

Jede Beziehung und jede Begegnung mit einem anderen Menschen stellt einen Lernprozess dar, den es zu bewältigen gilt. Wenn man bewusst eine solche Bemühung ausführt, sind die Erfahrungen, die man dabei macht, nicht dem Zufall unterworfen, sondern mit dem tieferen Problem verbunden und weisen in die Richtung seiner Lösung.

Die folgende Zusammenstellung fasst noch einmal die traditionell empfohlenen Maßnahmen zur Transformation einer funktional negativen Sonne zusammen und bietet zusätzlich einige Alternativen zu den bereits dargestellten Aktivitäten.

Traditionelle Maßnahmen zur Transformation einer funktional negativen Sonne

- Dienst beziehungsweise Hilfe für den Vater oder andere ältere Männer, falls der Vater nicht zugänglich ist, vorzugsweise an Sonntagen
- an einem Sonntag ein in Silber graviertes Zahlen-Yantra *(Kavaca)* an seinen Vater verschenken
- die traditionelle Yoga-Übung *Surya Namaskar* (Sonnengruß) regelmäßig zur Zeit des Sonnenaufgangs praktizieren
- Wasser und *Gur* (getrockneter Zuckerrohrsaft) am Sonntag an eine Kuh verfüttern

Mond –
Hilfe für Mütter; mütterliche Menschen

Der Mond repräsentiert die Mutter und ältere Frauen, die mütterliche Eigenschaften besitzen oder sich besonders fürsorglich um einen kümmern. Ein negativer Mond kann im Horoskop den Einfluss einer mit negativen Emotionen und Gedanken belasteten Beziehung zur Mutter widerspiegeln. Auch diese ist im Allgemeinen das Resultat einer entsprechenden Problematik im letzten Leben.

Einem guten Beispiel für dieses Thema begegnete ich kürzlich im Horoskop eines Mannes, bei dem sich im 7. Haus, das mit der Ehe und eheähnlichen Beziehungen in Zusammenhang steht, ein negativ besetzter Mond befindet. Der auf diese Weise platzierte Mond beeinträchtigte die Lebensbereiche des 7. Hauses auf solch negative Weise, dass der Betreffende selbst bis zum 40. Lebensjahr nicht heiratete. Auf diesen Zusammenhang angesprochen, bestätigte er die Vermutung, dass die problematische Mutter-Sohn-Beziehung hierfür verantwortlich sein könnte.

Der Mond spiegelt in diesem Fall die negative Energie wider, die der Betreffende auf die Mutter projiziert. Um diese Energie ins Positive umzuwandeln, empfehlen die vedischen Schriften auch in diesem Falle, dienend und/oder helfend auf die eigene Mutter beziehungsweise auf ältere

Frauen zuzugehen, welche die mütterliche Energie verkörpern. Ist das im näheren Umfeld nicht möglich, so kann man sich ebenfalls wieder älteren Frauen im Altersheim oder in der Nachbarschaft zuwenden und diesen seine Hilfe anbieten. Da die Energie des Mondes vor allem an Montagen präsent ist, bringen solche Versuche an diesen Tagen ein besonders gutes Ergebnis. Auch hierbei ist wiederum die Regelmäßigkeit der Bemühungen wichtig, um einen tief gehenden und dauerhaften Effekt zu erzielen. In dem Maße, wie wir uns dieser Herausforderung stellen, werden uns die vorliegenden Ursachen der bestehenden Probleme bewusst, sodass auch der negative Einfluss des Mondes auf andere Planeten und Häuser im Horoskop ins Positive umgewandelt wird.

Da der Vater und die Mutter die wichtigsten Bezugspersonen im Leben eines jungen Menschen darstellen und seine Entwicklung wesentlich prägen, ist diese Auseinandersetzung mit der Energie der Sonne und des Mondes besonders wichtig. Daher beginnt man bei der Analyse des Horoskops immer damit, neben dem Herrscher des Aszendenten ebenfalls die Stärke und Qualität der Sonne und des Mondes zu beurteilen. Die Sonne repräsentiert hierbei auch den Körper und die Vitalität, während der Mond den Geist und die Emotionen verkörpert. Die Stärkung von Mond und Sonne im Horoskop beziehungsweise die Umwandlung ihrer negativen Energien stellt daher einen Schlüssel zum inneren und äußeren Wachstum dar.

Die folgende Zusammenstellung fasst noch einmal die traditionell empfohlenen Maßnahmen zur Transformation eines funktional negativen Mondes zusammen und bietet zusätzlich einige Alternativen zu den bereits dargestellten Aktivitäten.

Traditionelle Maßnahmen zur Transformation eines funktional negativen Mondes

- seiner Mutter und/oder anderen älteren Frauen dienen beziehungsweise helfen
- an einem Montag oder täglich Teig an eine Kuh verfüttern
- Reis an Bettler austeilen
- gekochten Reis mit Zucker an Krähen verteilen
- sich vegetarisch ernähren
- der eigenen Mutter oder einer älteren Frau, die sich im Not befindet, an einem Montag ein *Kavaca* (ein in Silber graviertes Zahlen-Yantra) schenken
- Dienst an Mutter Erde (aktiver Umweltschutz)

Mars –
Hilfe für Männer in Not; Brüder

Der Planet Mars repräsentiert Brüder und Freunde. Er ist ein männlicher Planet, der vor allem auch für Kraft, Vitalität und Energie steht. Ein negativer Mars im Horoskop kann auf einen problematischen Umgang mit den uns zur Verfügung stehenden Energien hinweisen. Auch gestörte Beziehungen zu Brüdern oder Freunden können die Ursache hierfür sein.

Ein negativer Mars könnte durch seinen Angriff auf einen anderen Planeten zu Aggressivität oder auch zu aggressiven Krankheiten, wie Tumoren, Krebsgeschwüren, Infektionen, oder zu Unfällen führen. Mars repräsentiert die im Verborgenen schlummernde Energie, die sich manifestieren möchte. Das zu lösende Problem, auf das ein negativer Mars im Horoskop eines Menschen hinweist, besteht daher im Allgemeinen darin, dass man mit den zur Verfügung stehenden Energien nicht in rechter Weise umgehen kann beziehungsweise dass es in der Vergangenheit und damit auch in der Gegenwart in den unterstützenden Beziehungen des Lebens, wie Freundschaften oder der Beziehung zu Brüdern, Probleme gegeben hat.

Um die negative Energie eines funktional negativen Mars zu transformieren, empfehlen uns die vedischen Schriften, unseren Brüdern zu helfen, unsere Freunde zu unterstützen oder sich besonders um Männer zu kümmern, die sich in Not befinden. Hierdurch wird man mit dem Schattenaspekt seines eigenen Bewusstseins konfrontiert, der letztlich die Ursache für die Negativität des Planeten Mars im Horoskop darstellt. Führt man diese Maßnahmen regelmäßig, das heißt, täglich oder vor allem dienstags aus, so wird sich die negative Wirkung von Mars deutlich reduzieren. Der Dienstag ist für solche Tätigkeiten vor allem geeignet, da an diesen Tag die Energie von Mars besonders stark präsent ist.

Gerade bei Menschen, die an Krebs oder anderen Krankheiten leiden, welche mit einer ins Negative gehenden Mars-Energie in Zusammenhang stehen, sind solche Maßnahmen zusätzlich zu den in den vorangehenden Abschnitten 1–3 beschriebenen sehr wichtig und effektiv.

Die folgende Zusammenstellung fasst noch einmal die traditionell empfohlenen Maßnahmen zur Transformation eines funktional negativen Mars zusammen und bietet zusätzlich einige Alternativen zu den bereits dargestellten Aktivitäten.

Traditionelle Maßnahmen zur Transformation eines funktional negativen Mars

- jüngeren Brüdern oder Kameraden helfen
- Geduld praktizieren
- jeden Morgen fünf bis zehn Minuten meditieren oder beten
- Brüder oder Männer, die sich in Not befinden, dienstags unterstützen
- Spenden an eine Organisationen geben, die sich mit der Bekämpfung von Multipler Sklerose beschäftigt
- einem jüngeren Bruder beziehungsweise jungen Mann oder Jungen, der sich in Not befindet, an einem Dienstag ein *Kavaca* schenken

Merkur – Unterstützung für Kinder in Not; bedürftige Studenten

Merkur repräsentiert sowohl Kinder als auch Studenten. Weil die Kindheit die prägende Phase im Leben und in der Entwicklung eines Menschen darstellt, ist die Energie von Merkur besonders wichtig. Ist beispielsweise Merkur ein funktional negativer Planet, liegt in der Regel eine negative Beziehung zur eigenen Kindheit, zu Kindern im Allgemeinen oder zu dem Kind in uns selbst vor.

Die Unschuld eines Kindes und seine ungetrübte Freude, seine Fähigkeit, aus reiner Freude zu spielen, ohne von den Motivationen der Erwachsenen beeinflusst zu sein, all diese Qualitäten des Kindes spiegeln sich in der Energie des Planeten Merkur wider. Diesen Aspekt in uns selbst wieder zu entdecken ist ein wichtiger Schritt zur Heilung der Energie des inneren Kindes. Hierzu kann es jedoch hilfreich oder sogar notwendig sein, sich auch im Äußeren Kindern zuzuwenden, die Hilfe brauchen. Hilft man bedürftigen Kindern regelmäßig und vor allem mittwochs, so transformiert man auf diese Weise die Energie eines negativen Merkur ins Positive. Der Mittwoch ist für solche Tätigkeiten besonders geeignet, da er sehr stark mit der Energie von Merkur verbunden ist.

Ein anderer Aspekt der Merkur-Energie wird durch Menschen repräsentiert, die studieren. Es hängt im Einzelfall von der individuellen Problematik ab, die zur Belastung der Merkur-Energie geführt hat, ob die Aufmerksamkeit mehr auf Kinder oder mehr auf Studenten gerichtet werden sollte. Um diese Frage zu klären, sollte der Betreffende in sich selbst hinein fühlen und auf diese Weise herausfinden, welcher Aspekt von Merkur stärker gestört ist, der Aspekt des Kindes oder der des Studenten.

Die folgende Zusammenstellung fasst noch einmal die traditionell empfohlenen Maßnahmen zur Transformation eines funktional negativen Merkur zusammen und bietet zusätzlich einige Alternativen zu den bereits dargestellten Aktivitäten.

Traditionelle Maßnahmen zur Transformation eines funktional negativen Merkur

- armen Studenten und bedürftigen Kindern helfen
- Spenden an Kinderheime geben
- mittwochs grüne Blätter an Kühe verfüttern (Basilicum sanctum)
- die heilige Basilikumpflanze (Tulsi – *Ocimum sanctum)* täglich bewässern (ausgenommen sonntags)
- an einem Mittwoch einem bedürftigen Kind oder Studenten ein *Kavaca* schenken

Jupiter – Dienste für Priester; Ratgeber; Weise

Der Planet Jupiter repräsentiert im Leben eines Menschen seine Lehrer, seine Ratgeber, den Priester und den spiritueller Meister. Ist Jupiter im Horoskop ein funktional negativer Planet, so deutet dies daraufhin, dass der Betreffende eine problematische Beziehung zu ihren Lehren, zu weisen Menschen und allgemein zu Personen hat, die ihn auf dem spirituellen Weg voranbringen könnten.

Dieser Aspekt ist besonders wichtig, da Jupiter im Horoskop die Verkörperung der Gnade, gerade auch der göttlichen Gnade, ist, die man im Laufe des Lebens empfängt. Diese Gnade wird uns vor allem durch die Menschen zuteil, die uns Wissen, Weisheit und spirituelle Inspiration vermitteln. Dies sollten die Lehrer, weise Menschen, wohlmeinende Ratgeber, Priester und spirituelle Meister sein. Leider machen heutzutage viele Menschen schlechte Erfahrungen mit ihren Lehrern und Priestern, da diese nicht immer die Qualifikationen für eine solche Position besitzen. Die Lehrer an den Schulen und Universitäten sind häufig für die Kinder und Studenten keine Vorbilder mehr, da sie in ihrem eigenen Leben vielfach die Dinge, die sie lehren, nicht selbst verkörpern. Das Gleiche gilt für Priester und andere Personen, die vorgeben, ein spirituelles Leben zu führen. Dadurch geht das Vertrauen vieler Menschen in diesen wichtigen Jupiter-Aspekt der Gesellschaft mehr und mehr verloren, sodass gerade das spirituelle Wissen immer weniger zugänglich ist.

Deutet sich im eigenen Horoskop eine solche Problematik dadurch an, dass vielleicht der Planet Jupiter negative Aspekte auf andere Planeten oder Häuser ausübt, so sollte man die Ursache dieses Problems angehen, indem man sich bewusst solchen Menschen zuwendet, die den Jupiter-Aspekt und seine Energie verkörpern. Man sollte seinen Lehrern, Ratgebern, Priestern und seinen spirituellen Helfern Dienste erweisen und sie unterstützen. Auf diese Weise wird man sich automatisch auch stärker mit dem spirituellen Wissen verbinden. Leider ist es heutzutage eine schwierige Aufgabe, geeignete Menschen zu finden, die tatsächlich die Jupiter-Energie repräsentieren. Das ist somit keine leichte Aufgabe. Wenn man sie jedoch löst, indem man mit wachen Augen die Menschen betrachtet, diesen Aspekt in ihnen entdeckt und sich ihnen dann auf dieser Grundlage helfend zuwendet, so hat man eine besonders große Chance, seine negative Jupiter-Energie ins Positive umzuwandeln.

Die geeigneten Maßnahmen sollten regelmäßig, täglich oder zumindest einmal wöchentlich am Donnerstag durchgeführt werden, da die Energie von Jupiter donnerstags besonders stark präsent ist.

Die folgende Zusammenstellung fasst noch einmal die traditionell empfohlenen Maßnahmen zur Transformation eines funktional negativen Jupiter zusammen und bietet zusätzlich einige Alternativen zu den bereits dargestellten Aktivitäten.

Traditionelle Maßnahmen zur Transformation eines funktional negativen Jupiter

- donnerstags oder täglich Lehrern, Ratgebern, Priestern oder spirituellen Meistern Dienst beziehungsweise Hilfe anbieten
- Bettlern oder Vögeln (am besten Krähen) Bananen geben
- eine gelbe Süßigkeit an eine Krähe verfüttern
- täglich am Morgen beten
- Yoga praktizieren
- donnerstags Bananen an ein Obdachlosenasyl verschenken
- als Pflegeeltern ein Kind annehmen
- einen dürren Baum oder einen Baum, der gelbe Blüten oder Früchte hervorbringt, bewässern

Venus – Hilfe für Frauen in Not; Ehefrau; Künstler in Not

Venus verkörpert im Leben eines Menschen die weibliche Energie, die beim Mann vor allem durch seine Ehefrau, Freundin oder Geliebte in Erscheinung tritt. Sie bedeutet jedoch auch für den Mann ebenso wie für die Frau die eigene Weiblichkeit. Weiterhin wird Venus durch die Schwestern und Frauen im Allgemeinen repräsentiert. Hat jemand in seinem Horoskop eine funktional negative Venus, steht dies gewöhnlich für ein Problem mit der weiblichen Energie. Probleme mit Frauen, welche die Venus-Energie in besonderem Maße verkörpern, sowie auch mit der Umsetzung der eigenen weiblichen Energie können hiermit in Zusammenhang stehen.

Die vedischen Schriften empfehlen zur Transformation negativer Venus-Energien, sich im Falle eines Mannes besonders um seine Frau, seine Freundin oder Geliebte zu kümmern und/oder Frauen zu helfen, die sich in Not befinden. Dies können auch die eigenen Schwestern sein, denen man helfen sollte, um die Negativität seiner eigenen Venus-Energie zu transformieren. Eine Frau mit einer negativ wirkenden Venus sollte sich auf ähnliche Weise ihren Schwestern oder anderen Frauen helfend zuwenden, die ihrerseits die Venus-Energie verkörpern.

Die empfohlenen Maßnahmen sollte man regelmäßig, beispielsweise täglich oder einmal wöchentlich an einem Freitag ausführen, da die Venus-Energie freitags besonders gegenwärtig ist.

Die folgende Zusammenstellung fasst noch einmal die traditionell empfohlenen Maßnahmen zur Transformation einer funktional negativen Venus zusammen und bietet zusätzlich einige Alternativen zu den bereits dargestellten Aktivitäten.

Traditionelle Maßnahmen zur Transformation einer funktional negativen Venus

- Hilfe für Frauen/Schwestern in Not (vor allem freitags)
- Süßigkeiten, die Milch enthalten, frühmorgens an Vögel (am besten Krähen) füttern
- Kleidung aus Seide in hellen Farben verschenken
- Zucker, Reis oder Öl verschenken
- einem Frauenheim helfen beziehungsweise diesem Süßigkeiten schenken
- Unterstützung oder Spenden an eine Organisation geben, die sich mit der Bekämpfung von Diabetes beschäftigt
- einer jungen Frau in Not an einem Freitag ein *Kavaca* schenken

Saturn –
Hilfe für alte Menschen in Not; kranke Menschen

Die Energie von Saturn wird vor allem durch alte Menschen, kranke alte Menschen und besonders bedürftige Menschen in der Gesellschaft repräsentiert. Bettler und vernachlässigte Menschen verkörpern die Saturn-Energie ebenso wie alles, was degeneriert, dem Tode nahe und dem Verfall unterworfen ist. Da die meisten von uns generell die Neigung haben, diesen Aspekt des Menschseins und auch ihres eigenen Daseins zu meiden oder ihn zu verdrängen, stellt der Planet Saturn für viele Menschen einen negativen Pol dar. Aus diesem Grund wird er oft als der größte »Übeltäter« angesehen, obwohl wir an dem in diesem Buch vorgestellten System erkennen, dass er für die meisten Aszendenten ein positiver Planet ist.

Ob uns der Planet Saturn positiv oder negativ beeinflusst, hängt letztlich von unserer eigenen Beziehung zu der von ihm verkörperten Energie ab. Können wir uns in Form von gelebtem Mitgefühl den älteren und bedürftigen Menschen zuwenden, so wird uns die Negativität weniger betreffen, als wenn uns dies nicht möglich ist.

Aus diesem Grunde empfehlen die vedischen Schriften einem Menschen mit negativem Saturn, den alten und bedürftigen Menschen zu dienen beziehungsweise ihnen zu helfen. Dies sollte regelmäßig, das heißt, am besten täglich oder einmal in der Woche samstags getan werden, um einen nachhaltigen und tief gehenden Effekt zu erzielen. Der Samstag ist besonders gut für diesen Zweck geeignet, da er sehr eng mit der Energie von Saturn verbunden ist.

Gelingt es, durch geeignete Maßnahmen die Energie des Saturn ins Positive umzukehren, so erfolgt eine tiefere Auseinandersetzung mit der Vergänglichkeit des materiellen Daseins. Saturn verkörpert die Zeit, die alle geschaffenen Dinge Schritt für Schritt wieder ihrem natürlichen Ende zuführt. Wird seine Energie ins Positive umgekehrt, so manifestiert er einen förderlichen Einfluss, indem er dem Menschen Standhaftigkeit, Disziplin, Unabhängigkeit und Festigkeit vermittelt.

Die folgende Zusammenstellung fasst noch einmal die traditionell empfohlenen Maßnahmen zur Transformation eines funktional negativen Saturn zusammen und bietet zusätzlich einige Alternativen zu den bereits dargestellten Aktivitäten.

Traditionelle Maßnahmen zur Transformation eines funktional negativen Saturn

- alten, bedürftigen Menschen helfen (vor allem samstags)
- salzigen Reis mit Erbsen-, Linsen- oder Dal-Suppen an Bettler oder Krähen verfüttern
- schwarzes Salz oder Senföl am Samstag verschenken
- einem bedürftigen Menschen samstags ein Essen spendieren
- alte Menschen in einem Altersheim an Samstagen unterhalten oder ihnen vorlesen
- einer älteren Person, die sich in Not befindet, an einem Samstag ein *Kavaca* schenken

Rahu – Hilfe für bedürftige Menschen, die schweres Leid erfahren

Der Planet Rahu stellt für sämtliche Aszendenten einen «Übeltäter» dar. Er repräsentiert den faktisch auf jeden Menschen wirkenden materialistischen Einfluss, der einerseits das Bewusstsein des Menschen bedeckt und von seiner wahren spirituellen Bestimmung abbringt und andererseits auch destruktives materielles Leid verursacht.

Mit dieser negativen Energie muss sich jeder Mensch allein schon aus dem Grund auseinander setzen, da er sich in der materiellen Welt verkörpert hat und ihren Naturgesetzen unterworfen ist. Rahu steht auch für Expansion, jedoch birgt diese Art des Wachstums immer die Gefahr des Zusammenbruchs in sich. Je nachdem, ob Rahu andere Planeten oder Häuser im Horoskop eines Menschen angreift, verursacht er mehr oder weniger materielles Leid.

Das von Rahu verursachte Leid unterscheidet sich von dem, das andere funktionale Übeltäter verursachen dadurch, dass es im Allgemeinen eher destruktiv wirkt, während das Leid, das andere Planeten wie Saturn oder Jupiter verursachen, generell vor allem eine Chance für inneres Wachstum darstellt.

Um die negative Energie von Rahu zu transformieren, sollte man in erster Linie auf ältere bedürftige Menschen zugehen und Menschen aus der Not helfen, die im Leben schweres Leid erfahren. Hilfreich ist auch ein verstärktes Engagement in spirituellen Tätigkeiten, Meditation und dem Studium spirituellen Wissens, da hierdurch dem materialistischen Einfluss von Rahu entgegengewirkt wird.

Die folgende Zusammenstellung fasst noch einmal die traditionell empfohlenen Maßnahmen zur Transformation von Rahu zusammen und bietet zusätzlich einige Alternativen zu den bereits dargestellten Aktivitäten.

Traditionelle Maßnahmen zur Transformation von Rahu

- seinen Eltern Dienst erweisen
- Spenden an Organisationen geben, die Krebs bekämpfen
- Menschen mit schwerwiegenden Krankheiten, wie Aids, Krebs, Lähmungen usw. an einem Samstag Dienst erweisen beziehungsweise helfen
- einer Person, die sich in Not befindet oder Opfer einer Naturkatastrophe ist, an einem Samstag ein *Kavaca* schenken
- jeden Morgen Rosinenbrot oder Rosinen an Vögel oder Krähen verfüttern

Ketu – Hilfe für spirituelle Menschen; Heilige; spirituelle Organisationen

Ebenso wie Rahu verursacht auch der Planet Ketu Leiden. Diese wirken jedoch im Allgemeinen auf den Menschen nicht destruktiv, sondern lassen ihn Schutz und Zuflucht im Göttlichen suchen. Daher hilft der Planet Ketu, obwohl er schwerwiegende Probleme und Schwierigkeiten verursachen kann, dem Menschen dabei, seinen spirituellen Weg zu finden und zu gehen.

Der negative Einfluss von Ketu im Horoskop zeigt uns unsere eigene Hilflosigkeit im Kampf mit den Hindernissen und Schwierigkeiten des materiellen Daseins und verweist uns auf diese Weise auf den spirituellen Pfad. Er führt uns unsere Unfähigkeit vor Augen, aus eigener Kraft materielle Leiden abzuwehren.

Um diesen Aspekt des Planeten Ketu zu transformieren und ihn ins Positive umzuwandeln, sollte man sich spirituellen Menschen oder Organisationen zuwenden und diesen seine Hilfe anbieten. Durch solchen Dienst stärkt man nicht nur sein eigenes spirituelles Bewusstsein und verbindet sich mit Quellen spirituellen Wissens, sondern nimmt auch dem Planeten Ketu die Notwendigkeit, durch Leid auf diesen Weg hinzuweisen.

Die folgende Zusammenstellung fasst noch einmal die traditionell empfohlenen Maßnahmen zur Transformation von Ketu zusammen und bietet zusätzlich einige Alternativen zu den bereits dargestellten Aktivitäten.

Traditionelle Maßnahmen zur Transformation von Ketu

- älteren Menschen und spirituellen Lehrern dienen
- Nahrungsmittel an Hunde füttern
- braune Gegenstände verschenken
- zu Ganesha (indische Gottheit in Elefantengestalt) beten
- einem spirituellen Menschen oder einer spirituellen Organisation Hilfe erweisen
- einer älteren Person ein *Kavaca* schenken

Bevorzugte Zeitpunkte für die Anwendung von «gezielt gelebtem Mitgefühl»

Die folgende Liste enthält allgemeine Hilfmaßnahmen, die man zusätzlich zu den vorgenannten ausführen kann.

Aus dieser Liste sollten die geeigneten Maßnahmen mit großer Sorgfalt ausgewählt werden. Je nach Grad und Dauer der Einwirkung eines dieser Planeten sollte die jeweilige Maßnahme regelmäßig täglich, wöchentlich für einen bestimmten Zeitraum oder sogar für das ganze Leben ausgeführt werden. In vielen Fällen ist es ausreichend, eine solche Bemühung 41 Tage lang täglich zu wiederholen. Bei besonders schwerwiegenden Angriffen ist es jedoch notwendig, die Maßnahmen für einen längeren Zeitraum beizubehalten. Hierzu findet man zusätzliche Informationen in dem Abschnitt über Karma auf Seite 177 f.

- An dem Wochentag des negativen Planeten, dessen Energie transformiert werden soll, einem Menschen oder einer Menschengruppe etwas Gutes tun. Die Planeten werden den folgenden Wochentagen zugeordnet:

Sonntag:	Sonne
Montag:	Mond
Dienstag:	Mars
Mittwoch:	Merkur
Donnerstag:	Jupiter
Freitag:	Venus
Samstag:	Saturn

- an Tagen, wo der Einfluss des Planeten Rahu besonders spürbar ist, sollte man regelmäßig frisches Wasser und Futter für die Vögel bereitstellen
- falls der Einfluss von Ketu besonders stark ist, sollte man täglich Hunde oder Katzen füttern
- monatlich, vierteljährlich oder jährlich (das hängt von der Stärke der Beeinträchtigung durch den negativen Planeten ab) ein *Kavaca* an einen Menschen verschenken, der den gleichen Aszendenten besitzt wie man selbst.

Die Auswahl eines geeigneten Zeitpunktes ist auch für den Beginn einer solchen Korrekturmaßnahme von großer Bedeutung. Es ist am besten, an einem Tag damit zu beginnen, an dem der betreffende Planet besonders stark gestellt ist. Beispielsweise solltest du deshalb eine Maßnahme, welche die negative Energie eines funktional negativen Saturn korrigieren soll, am besten an einem Samstag beginnen.

Weiterhin sollte ein solcher Zeitpunkt nach astrologischen Gesichtspunkten glückverheißende Eigenschaften besitzen. Idealerweise sollte es zu diesem Zeitpunkt keine ungünstig beeinflussten Planeten oder Häuser geben und eine Vielzahl positiver Aspekte und Platzierungen. Um einen solchen günstigen Zeitpunkt herauszufinden, wendest du dich am besten an einen vedischen Astrologen oder besuchst die im Anhang angegebene Internetadresse.

In diesem Abschnitt vorgestellte Korrekturmaßnahmen funktional negativer Planeten können auf äußerst wirkungsvolle Weise durch das regelmäßige Rezitieren bestimmter Mantras und die Verehrung entsprechender Yantras ergänzt werden. Auch für den Fall, dass du aus bestimmten Gründen keine der bisher dargestellten Maßnahmen des gezielt gelebten Mitgefühls regelmäßig ausführen kannst, ist eine solche Korrektur mit Hilfe von Mantras und der Verehrung von Yantras empfohlen. Diese Methode beschreibe ich nun ausführlich in dem folgenden Abschnitt.

5
Mantras
– Heilung und spirituelles Bewusstsein durch Transformation –

Nach vedischem Verständnis liegt allen physikalischen Gegebenheiten ein ätherisches Informationsfeld zugrunde, das auf einer noch feineren Ebene aus Klangschwingungen besteht. Dementsprechend spielen in der vedischen Spiritualität Mantras, das heißt, gesprochene Klangfolgen, die wiederholt rezitiert werden, eine ganz besondere Rolle.

Es ist in allen alten Traditionen bekannt, dass man durch die Anwendung solcher Klangfolgen die materiell erscheinende Wirklichkeit und auch das Bewusstsein der Lebewesen nachhaltig beeinflussen kann. Mantras entfalten ihre Wirkung daher sowohl auf der materiellen als auch auf der spirituellen Ebene. Sie finden deshalb nicht nur zur Entwicklung spirituellen Bewusstseins, sondern auch bei der Heilung von Krankheiten und der Verwirklichung anderer materieller Ziele Anwendung.

In der vedischen Astrologie sind Mantras in zwei Bereichen besonders wichtig. Der Astrologe sollte durch das tägliche Rezitieren der entsprechenden Mantras eine tiefe innere Beziehung zu den neun Planeten entwickeln. Doch auch derjenige, der die Astrologie in Anspruch nimmt, kann durch Mantras die Wirkung der Planeten auf sein Leben beeinflussen.

Ein guter vedischer Astrologe ist nicht nur mit den technischen Einzelheiten der Astrologie vertraut, kann exakte Berechnungen durchführen und besitzt eine geschulte Intuition, sondern verfügt zusätzlich über eine innere Beziehung zu den Planetenkräften. Die Planeten manifestieren sich im Bewusstsein des Astrologen als machtvolle Persönlichkeiten und führen ihn von innen her zu den richtigen und relevanten Einsichten bei der Deutung eines Horoskops. Diese persönliche Präsenz der Planeten im Bewusstsein des Astrologen erschließt ihm die Dimension hinter dem Vorhang der Energien und Kräfte. Hinter den Kulissen manifestieren sich die Planeten als individuelle kosmische Persönlichkeiten, mit denen eine persönliche Beziehung möglich ist. Um zu dieser Stufe zu gelangen, praktiziert ein vedischer Astrologe im Allgemeinen über viele Jahre hinweg das Rezitieren der Planeten-Mantras. Sie stellen als grenzüberschreitende Klangschwingungen eine Verbindung zwischen dem Bewusstsein des Rezitierenden und der feinstofflichen Wirklichkeit hinter dem Schleier der grobstofflichen Materie her.

Die praktische Durchführung der Mantra-Rezitation und Yantra-Verehrung

Wenn man sich darüber klar geworden ist, welcher Planet der Transformation beziehungsweise Stärkung bedarf und die entsprechende Planetengottheit *(Dashavatara)* gefunden hat, sollte man mit seiner Verehrung zu einem möglichst günstigen Zeitpunkt beginnen. Ein solcher Zeitpunkt zeichnet sich dadurch aus, dass es dann keinerlei negative Aspekte, Planetenangriffe oder Planetenstellungen gibt und zusätzlich eine Vielzahl positiver Planetenkombinationen vorhanden ist. Um einen solchen Zeitpunkt selbst zu bestimmen, sind gewisse astrologische Grundkenntnisse notwendig, die dieses Buch nicht vermitteln kann. Für diesen Zweck kann man die im Anhang empfohlene Internetadresse besuchen oder sich direkt an mich (Adresse im Anhang) wenden.

Der richtige Zeitpunkt ist wichtig, damit die Verehrung zu dem erwarteten Ergebnis führt sowie auch dafür, dass man die notwendige Unterstützung erhält, diese Praxis über einen längeren Zeitraum beizubehalten.

Die Tageszeit, wann man mit dieser Praxis beginnt, hängt von dem ermittelten günstigen Zeitpunkt ab. Ab dem folgenden Tag sollte die Verehrung und Rezitation des Mantra dann am besten täglich zu einer festen Zeit am frühen Morgen praktiziert werden. Idealerweise duscht man vorher und führt die Übung vor dem Frühstück durch. Falls aus bestimmten Gründen der frühe Morgen nicht zur Verfügung steht, kann auch ein anderer Zeitpunkt für die tägliche Verehrung gewählt werden.

Der ausgewählte Dashavatara kann in Form des ihn darstellenden Yantra verehrt werden. Jedem der zehn Dashavataras entspricht ein farbiges Yantra, das aus Symbolen, Farben, geometrischen Elementen und Mantras besteht. Mit der Verehrung des Yantra wird die verehrte Person darin präsent. Diese Yantras sind als Schwarzweißabbildungen bei den Beschreibungen der spirituellen Planetenherrscher dargestellt und können als farbige Drucke bei einer der Adressen im Anhang bestellt werden.

Vor Beginn der Verehrung sollte man sich als erstes die Hände waschen. Danach erweist man der zu verehrenden Person im Geist seine Ehrerbietung, richtet Gebete an sie und bringt ihr dann ein Räucherstäbchen dar, das man siebenmal im Uhrzeigersinn um das Yantra bewegt, während man einmal das entsprechende Mantra rezitiert. Wichtig ist hierbei, dass das Räucherstäbchen nicht ausgeblasen, sondern durch einen leichten Luftzug gelöscht wird.

Als zweites sollte man wieder mit dem gleichem Mantra eine kleine Kerze aus Wachs oder aus Butterfett darbringen, die man ebenfalls siebenmal um das Yantra herum bewegt. Man stellt sich dabei vor, dass man die transzendente Form der verehrten Person umkreist und ihr die positive Energie des Feuers und der anderen Gegenstände zukommen lässt. In Indien werden solche Zeremonien auch für Gäste und kleine Kinder durchgeführt, weil man glaubt, dass die Person auf diese Weise durch das Feuer von unglückverheißenden Einflüssen befreit wird.

Auf ähnliche Weise kann man noch etwas Wasser in einem kleinen sauberen Gefäß, aus dem noch nie getrunken wurde, darbringen. Als Letztes bringt man schließlich eine Blume oder ein Blatt dar, die man ebenfalls siebenmal um das Yantra herum kreisen lassen kann. Bei der Darbringung jedes Gegenstandes wird jeweils das gleiche Mantra gesprochen.

Hat man so die beschriebene Zeremonie abgeschlossen, beginnt man entweder laut, flüsternd oder einfach nur in seinen Gedanken 108-mal das ausgewählte Mantra zu rezitieren.

Zum Abschluss bittet man im Geist, im Gebet oder in der Meditation den verehrten Dashavatara, die kleine Zeremonie anzunehmen und den betreffenden Planeten entweder zu stärken und von Angriffen zu befreien, wenn es sich um einen positiven Planeten handelt, oder seine Energie umzuwandeln, wenn er ein funktionaler «Übeltäter» ist.

Wichtig ist bei der ganzen Zeremonie letztlich nicht die äußere Handlung, sondern das Bewusstsein, in dem diese ausgeführt wird. Man sollte sich darüber bewusst sein, mit Hilfe dieses kleinen Rituals eine Sprache zu verwenden, durch die man mit der spirituellen Wirklichkeit kommunizieren kann. Der verehrte Dashavatara ist eine Person auf der Ebene der spirituellen Wirklichkeit, die keinerlei räumlichen oder zeitlichen Bedingungen unterworfen ist. Diese Person kann jedes Gebet, jede Verehrung und jedes Opfer zu jedem Zeitpunkt und an jedem Ort entgegennehmen. Wichtig ist die korrekte und bewusste Durchführung in der Wirkung auf unser eigenes Bewusstsein, das dadurch mit der spirituellen Energie und Kraft des jeweiligen Dashavatara in Berührung kommt.

Die Zeremonie setzt ganz gezielt ein Signal in Raum und Zeit, das jedoch auf eine nicht räumliche und zeitlose Wirklichkeit zielt. Ein solches Signal wirkt wie eine gekonnt gesetzte Akupunkturnadel oder ein richtig ausgewähltes homöopathisches Medikament oder ein schamanisches Heilungsritual. Es löst etwas *in* uns aus. Das Ritual und auch das Mantra stellen die Sprache dar, in der wir zum Ausdruck bringen, dass wir bereit sind, uns mit unserem eigenen spirituellen Ursprung zu verbinden und die Herrschaft Gottes anzuerkennen, der mit seinen unzähligen Energien nicht nur die materielle Welt beherrscht, sondern auch in ihr gegenwärtig ist.

Selbst wenn das beschriebene Ritual zunächst ohne ein tieferes Verständnis, jedoch ernsthaft und mit voller Aufmerksamkeit und dem Wunsch, seine tiefere Bedeutung zu verstehen, ausgeführt wird, wird sich das gewünschte Ergebnis einstellen.

Hier sei noch einmal der Ablauf der Verehrung zusammengefasst:

1) Reinigen der Hände (Waschen oder rituelle Reinigungszeremonie)
2) Aufstellen des Yantra, das den ausgewählten Dashavatara verkörpert, falls dieses nicht ständig auf einem kleinen Altar präsent ist.
3) Ehrerbietung gegenüber der anwesenden spirituellen Persönlichkeit des Yantra
4) kurze Meditation über den Sinn und das Ziel der Verehrung (Transformation der negativen Planetenenergie oder Stärkung des funktional positiven Planeten – Verehrung der spirituellen Form des Dashavatara)
5) Darbringen eines Räucherstäbchens in sieben Kreisen mit Rezitieren des Mantra
6) Darbringen eines kleinen Lichtes in sieben Kreisen mit Rezitieren des Mantra
7) Darbringen von etwas Wasser in sieben Kreisen mit Rezitieren des Mantra
8) Darbringen einer Blüte oder eines Blattes in sieben Kreisen mit Rezitieren des Mantras
9) 108-malige Rezitation des ausgewählten Mantra
10) abschließendes Gebet für die Annahme der dargebrachten Verehrung und Gewährung des Anliegens.

Zur Abkürzung der Zeremonie kann man auf die Punkte 6, 7 und 8 verzichten. Es ist jedoch schöner, das vollständige Ritual auszuführen.

Ist es dir, aus welchen Gründen auch immer, nicht möglich, die volle Zeremonie auszuführen, rezitiere einfach 108-mal die ausgewählten Mantren. Die Wirkung wird in jedem Fall da sein.

Die spirituelle Bedeutung der Planeten

Die Planeten selbst sind materielle Manifestationen spiritueller Urprinzipien. Ebenso wie die Sonne eine Repräsentation Gottes in diesem Universum ist, so stellen die neun Planeten unterschiedliche Aspekte der Energie Gottes dar. Daher steht hinter jedem Planeten eine bestimmte Energie oder Form Gottes.

Wendet man sich mit Hilfe von Mantras an die spirituellen Formen Gottes, welche die neun Planeten beherrschen, so kann man durch diese Meditation die Planeten nicht nur stärken, sondern auch die Energie eines negativen Planeten ins Positive umwandeln. Daher kann durch das Rezitieren eines Mantra nie Unheil angerichtet werden. Das gilt jedoch nur für spirituelle Mantras.

Nachfolgend werden die spirituellen Persönlichkeiten beschrieben, welche die neun Planeten beherrschen. Sie werden in den Veden als die *Dashavataras* oder zehn spirituellen Inkarnationen Gottes bezeichnet, die in jedem Weltzeitalter erscheinen, um bestimmte Schöpfungsprinzipien zu etablieren. Sie repräsentieren in der Folge, in der sie erscheinen, zehn unterschiedliche Stufen in der Entwicklung des menschlichen Bewusstseins, beginnend mit der Inkarnation als Fisch, Schildkröte und Wildeber, über die halb Mensch- und halb Löwen-Gestalt Narasimhadevas bis hin zu den Formen von vollkommenen Königen und Menschen als Rama, Buddha und Krishna.

Die Sonne – Sri Rama

Die Sonne wird auf der spirituellen Ebene von Sri Rama beherrscht, einer Inkarnation Gottes, die vor Äonen auf der Erde lebte und göttlichen Ruhm offenbarte. Seine Taten und Abenteuer sind in dem berühmten indischen Epos *Ramayana* niedergeschrieben und haben für Jahrtausende die Menschen nicht nur in Indien begeistert. Berühmt ist in Indien nicht nur Sri Rama selbst, sondern vor allem auch sein getreuer Diener und Gefährte, der Affengott Hanuman, der – besser ausgedrückt – ein Halbgott ist und auf der Erde als Affe erschien, um Sri Rama bei seinen Abenteuern zu unterstützen. Rama wurde als Prinz in der Sonnendynastie geboren, einer Tradition von vedischen Königen, die ihre Erbfolge auf Vivasvan, den Gott der Sonne, zurückführt. Aus diesem Grunde ist Rama auch Herrscher der Sonne. Verehrt man Rama mit dem ihm entsprechenden Mantra, so stärkt man dadurch einerseits die Sonne in seinem eigenen Horoskop, gleichzeitig jedoch auch sein spirituelles Bewusstsein und seine spirituelle Wahrnehmung.

Die Inkarnation Ramas offenbart göttlichen Ruhm und das Vorbild eines idealen Königs, der sein Volk liebt und für Wahrheit und Treue die größten Schwierigkeiten auf sich nimmt. Nachdem seine Frau Sita von dem grausamen Dämon Ravana entführt wurde, befreite Rama mit Hilfe einer Armee von Affen die Erde von diesem Despoten, der vor keinem Übel zurückschreckte.

Sri Rama wird mit dem folgenden Mantra verehrt: *om namo bhagavate ramachandraya.*

Rezitiert man dieses Mantra jeden Morgen nach dem Aufstehen laut oder im Geiste jeweils 108-mal und bittet darum, das eigene Bewusstsein von den negativen Einflüssen zu befreien, die im Horoskop durch die Sonne verursacht werden, so wird man bereits nach kurzer Zeit einen reinigenden und erleichternden Effekt verspüren. Auf diese Weise kann die Sonne gestärkt werden, wenn sie ein funktional positiver Planet ist. Doch auch wenn sie ein funktional negativer Planet ist, kann ihre Energie ins Positive umgewandelt werden, da sich Rama auf der spirituellen Ebene befindet und damit jenseits der Dualität von positiv und negativ existiert.

Zudem kann das folgende Rama-Yantra mit dem Rezitieren des Mantra verehrt werden.

Das Rama-Yantra

Sri Rama-Mantra:
om namo bhagavate ramachandraya

Der Mond – Sri Krishna

Der Mond wird auf der spirituellen Ebene von Sri Krishna beherrscht. Die Veden beschreiben Sri Krishna als die ursprüngliche Form Gottes, da er in dieser Form die vertrautesten Aspekte seines Austausches mit den Lebewesen offenbart. Krishnas liebevolle Beziehungen zu den Einwohnern des kleinen Dorfes Vrindavana in Nordindien sind in der poetischen Literatur Indiens ebenso wie in den Gedichten und philosophischen Schriften der größten indischen Philosophen verewigt. Doch auch sein philosophisches Hauptwerk, die *Bhagavad-gita,* hat als eines der größten Weisheitsbücher Einlass in die Reihe der ewigen Klassiker der Weltliteratur gefunden. In der Bhagavad-gita lehrt Sri Krishna die zeitlose Wahrheit des Yoga, die Ewigkeit der Seele und den Weg der Hingabe an Gott.

Sri Krishna wurde in einer Königsdynastie geboren, die auf Chandra, den Halbgott des Mondes, zurückgeht und ist daher der natürliche spirituelle Herrscher des Mondes. Verehrt man Sri Krishna mit dem entsprechenden Mantra, so kann dies den Mond stärken und auch dessen potenzielle negative Energien ins Positive umwandeln. Da die Stärkung des Mondes und der Sonne im Horoskop eines Menschen die wichtigsten Aufgaben sind, ist daher die Verehrung Krishnas eines der spirituellen Hauptkorrekturmittel in der vedischen Astrologie. Das entsprechende Mantra beinhaltet neben den Namen Ramas und Krishnas auch das Wort *Hare,* das sich auf die weibliche Energie Gottes bezieht. Dieses Mantra stärkt damit gleichzeitig die Sonne und den Mond und erhebt das Bewusstsein auf die Stufe spiritueller Wahrnehmung. Es transformiert vor allem das Karma und inspiriert den Menschen, im Sinne seiner eigentlichen Bestimmung *(Dharma)* zu handeln.

Sri Krishna wird mit dem folgenden Mantra verehrt: *hare rama krishna.*

Rezitiert man dieses Mantra jeden Morgen nach dem Aufstehen 108-mal im Geiste oder auch laut, so wird der Geist von allen mentalen Störungen gereinigt. Weiterhin werden die Sonne und der Mond gestärkt und ihre eventuell vorhandenen negativen Einflüsse im Horoskop eines Menschen werden ins Positive transformiert. Dieses Mantra gilt daher in einigen astrologischen Traditionen als eines der wichtigsten Korrekturmittel überhaupt.

Zudem kann das folgende Krishna-Yantra mit dem Rezitieren des Mantra verehrt werden.

Das Krishna-Yantra

Sri Krishna-Mantra:

hare rama krishna

Mars – Sri Nrisimha

Der Planet Mars wird auf der spirituellen Ebene durch Sri Nrisimhadeva (Narasimhadeva) beherrscht. *Nara* heißt Mensch, *Simha* heißt Löwe und *Deva* bezieht sich auf die Form Gottes. Nrisimhadeva ist daher eine Verkörperung Gottes in einer halb Mensch- und halb Löwen-Gestalt, in der er göttlichen Zorn zeigte. Der dämonische König Hiranyakashipu wollte auf dem Gipfel seiner Macht seinen kleinen Sohn Prahlada töten, weil dieser ihm nicht folgen und ein großer Politiker und König werden wollte. Prahlada versuchte seinem Vater klar zu machen, dass er trotz all seiner Macht von Gott abhängig sei und eines Tages sein Königreich und seine ganze Herrschaftsgewalt wieder abgeben müsse. Diese Worte erzürnten den jähzornigen Vater so sehr, dass er mehrfach versuchte, seinen Sohn zu töten. Sri Nrisimhadeva erschien aus einer Säule heraus, um den ihm Geweihten zu beschützen. Daher verkörpert Sri Nrisimhadeva die beschützende Funktion Gottes, die jedem Lebewesen zu Hilfe kommt, das sich in Zeiten der Not an ihn wendet.

Mahatma Gandhi erzählte die Geschichte von Prahlada und Nrisimhadeva häufig und betrachtete Prahlada als Vorbild für seine Bewegung des gewaltfreien Widerstandes, da dieser den Angriffen seines Vaters ganz gelassen begegnete und einfach meditierte und zu Gott betete. Er war sich vollkommen darüber bewusst, dass er eine unsterbliche Seele war und nicht getötet werden konnte, wenn er von Gott beschützt wird. Um dieses feste Vertrauen des ihm Geweihten zu bestätigen, erschien Sri Nrisimhadeva. Auch in der jüngeren Vergangenheit gibt es Tausende von Berichten aus aller Welt, in denen Menschen, die sich in gefährlichen Situationen an Gott um Schutz wandten, die spirituelle Form von Nrisimhadeva wahrnahmen und dann auf wundersame Weise gerettet wurden. Daher empfehlen die Veden, dass man in solchen Situationen den Namen Sri Nrisimhadevas anruft oder sein Mantra ausspricht. Auch bei üblen Träumen oder dem Angriff feinstofflicher Wesen und Geister ist der Name und das Mantra oder einfach nur die Erinnerung an Sri Nrisimhadeva ein sehr machtvoller Schutz.

Sein Mantra lautet: *om namo bhagavate narasimhaya.*

Verehrt man Sri Nrisimhadeva mit diesem Mantra, so erfährt man auf diese Weise Schutz in allen Lebenslagen. Diese Praxis sollte täglich ausgeführt werden, wobei man das Mantra frühmorgens jeweils 108-mal rezitiert. Dies transformiert auch die Energie eines negativen Mars ins Positive und sollte daher von Menschen praktiziert werden, deren

Mars ein funktional negativer Planet ist und ernsthafte Angriffe verursacht. Das trifft für viele Menschen zu, die gehäuft Opfer von Unfällen werden, an Tumoren erkranken oder anderen Arten gefährlicher Angriffe ausgesetzt sind. Besonders wirkungsvoll ist diese Verehrung und Rezitierung des Mantra an Dienstagen, falls es nicht täglich ausgeführt wird, da die Energie des Mars dienstags besonders stark präsent ist.

Zudem kann das folgende Narasimha-Yantra mit dem Rezitieren des Mantra verehrt werden.

Das Narasimha-Yantra

Sri Narasimha-Mantra:

om namo bhagavate narasimhaya

Merkur – Sri Buddha

Auch Buddha wird in den 5.000 Jahre alten vedischen Schriften als eine Inkarnation Gottes beschrieben und zwar bereits 2.500 Jahre vor seinem tatsächlichen Erscheinen. Diese Prophezeiung findet sich beispielsweise im *Srimad Bhagavatam*. Buddha beherrscht den Planeten Merkur, der im Sanskrit auch als Buddha bezeichnet wird, auf der spirituellen Ebene. Die Inkarnation Gottes als Buddha erscheint mit dem speziellen Auftrag, die Menschen den Pfad der Gewaltlosigkeit zu lehren. Zur Zeit Buddhas, vor 2.500 Jahren, missbrauchten die Menschen die vedischen Opfer, um Tiere zu schlachten und sie dann zu essen. Diese Pervertierung religiöser Zeremonien zur Rechtfertigung der eigenen Genusssucht brachte die Menschen von dem eigentlichen spirituellen Pfad ab, sodass Buddha erschien und das Prinzip der Gewaltlosigkeit als die höchste Pflicht des Menschen lehrte.

Buddha lehrt auch den Pfad der Meditation, der die Verbindung mit dem höheren Selbst herstellt. Diese Tiefenkommunikation ist die eigentliche Aufgabe und Herausforderung, die der Planet Merkur dem Menschen stellt. Merkur ist ein Planet, der Grenzen überschreiten und überwinden hilft. Das Ego, welches das niedere vom höheren Selbst und das Selbst von Gott trennt, ist die Grenze, die am schwersten zu überwinden ist. Hierzu muss der Mensch Neid, Zorn, Gier, Lust und Illusion aufgeben. Buddha lehrte mit seinem achtfachen edlen Pfad diesen Weg der Vorbereitung auf die Verbindung mit dem höheren Selbst.

Um Merkur im Horoskop zu stärken oder einen Merkur, der negative Energien widerspiegelt, ins Positive umzuwandeln, empfehlen die Veden daher, das Mantra zur Verehrung Buddhas zu rezitieren. Wird diese Praxis täglich und vor allem mittwochs ausgeführt, dem Tag, an dem die Energie von Merkur am stärksten präsent ist, so wendet dies negative Einflüsse eines geschwächten oder negativen Merkurs ab.

Sri Buddha wird mit dem folgenden Mantra verehrt: *om namo bhagavate buddhadevaya.*

Auch dieses Mantra sollte am besten frühmorgens jeweils 108-mal vor einem Bild, einem Yantra oder einer Buddha-Statue rezitiert werden. Selbstverständlich sollte man gleichzeitig in seinem eigenen Leben Buddhas Prinzip des *ahimsa,* der Gewaltlosigkeit, in die Tat umsetzen. Das gilt für alle bisher erwähnten Mantras. Zudem kann das folgende Buddha-Yantra mit dem Rezitieren des Mantra verehrt werden.

Das Buddha-Yantra

Sri Buddha-Mantra:

om namo bhagavate buddhadevaya

Jupiter – Vamanadeva

Der Planet Jupiter wird auf der spirituellen Ebene von Vamanadeva beherrscht, einer Inkarnation Gottes, die eine unwiderstehliche Anziehungskraft und Schönheit besitzt. Diese Inkarnation erschien als kleiner Brahmanen-Junge, der eine so unglaubliche Schönheit und Ausstrahlung besaß, dass er jeden um alles bitten konnte und dieses gewährt bekam. Als eines Tages die dunklen Kräfte des Universums die Macht an sich gerissen hatten und ein großes Opferzeremoniell zur Festigung ihrer Macht ausführten, erschien Vamanadeva plötzlich in ihrer Mitte und zog die Aufmerksamkeit aller anwesenden Könige, Krieger und Priester auf sich. Der König Bali war von der Erscheinung Vamanadevas so beeindruckt, dass er ihm einen Wunsch gewährte. Vamanadeva wünschte sich nur drei Schritte Land, die ihm der König gegen die Warnung seines Hauptpriesters, der die List Vamanadevas durchschaut hatte, gewährte. Tatsächlich nahm Vamanadeva daraufhin eine gewaltige Form an, die mit nur zwei Schritten das gesamte Universum sowohl horizontal als auch vertikal durchschritt. Gleichzeitig gewährte Vamanadeva dem König höchste spirituelle Segnungen. Der Planet Jupiter steht für das Wachstum im Leben und die Gnade, die man von Gott empfängt. Beides wird von Vamanadeva verkörpert.

Um einen schwachen Jupiter im Horoskop zu stärken oder die negativen Energien eines funktional negativen Jupiters ins Positive umzuwandeln, kann man das Mantra Vamanadevas täglich in regelmäßiger Praxis 108-mal rezitieren und auf diese Weise Gott in seiner Inkarnation als Vamana verehren. Diese Verehrung ist besonders wirkungsvoll, da ein starker Jupiter einen positiven Einfluss ausübt, der viele andere negative Aspekte und Angriffe im Horoskop ausgleichen kann. Daher ist diese Verehrung und Rezitation des Vamana-Mantra vor allem denen empfohlen, deren Jupiter Herrscher eines schwierigen Hauses ist.

Vamanadeva wird mit dem folgenden Mantra verehrt: *om namo bhagavate vamanadevaya.*

Da ein angegriffener und auch ein negativer Jupiter für viele Probleme im Leben eines Menschen verantwortlich sein kann, wie Krebs, Leber- und Hüftschädigungen, Diabetes, Kinderlosigkeit usw., ist die Praxis dieses Mantra vor allem donnerstags für viele Menschen sehr hilfreich.

Zudem kann das folgende Vamana-Yantra mit dem Rezitieren des Mantra verehrt werden.

Das Vamana-Yantra

Vamanadeva-Mantra:

om namo bhagavate vamanadevaya

Venus – Parashurama

Der Planet Venus wird auf der spirituellen Ebene von Parashurama beherrscht, einer Inkarnation Gottes, die mit den materiellen Wünschen der Lebewesen in Beziehung steht. Während die Venus die materiellen Wünsche der Lebewesen fördert, indem sie Schönheit, Reichtum, Beliebtheit und weltliche Liebe verkörpert, besitzt Parushurama die spirituelle Kraft, materielle Wünsche an der Wurzel zu packen und aus dem Herz der bedingten Seelen zu entfernen. Dadurch führt er keine Wunschlosigkeit herbei, sondern schafft Platz für die spirituellen Wünsche der Seele, die sich nach Gott und der Gemeinschaft mit Gott sehnt. Erst dann kann sich die wahre Funktion der Venus, nämlich reine Liebe, entfalten. Parashurama ist ein mächtiger Krieger, dessen Energie immer wieder manifestiert wird, wenn die Erde zu sehr von militärischen Kräften, Armeen und stolzen überheblichen Herrschern belastet wird. Es ist die gleiche Kraft, die das Zeitalter der Monarchien beendet und durch die Ära der Demokratien ersetzt hat.

Das Mantra Parashurama-devas stärkt den Planeten Venus, falls dieser ein positiver Planet ist und wandelt seine negativen Energien um, wenn er Herrscher eines schwierigen Hauses ist.

Parashurama wird mit dem folgenden Mantra verehrt: *om namo bhagavate parashuramaya.*

Das Mantra sollte ebenfalls täglich am frühen Morgen jeweils 108-mal rezitiert werden, wobei eine solche Verehrung freitags besonders wirkungsvoll ist, weil dann die Energie von Venus am stärksten präsent ist.

Zudem kann das folgende Parashurama-Yantra mit dem Rezitieren des Mantra verehrt werden.

Das Parashurama-Yantra

Parashurama-Mantra:

om namo bhagavate parashuramaya

Saturn – Kurmadeva

Der Planet Saturn wird auf der spirituellen Ebene von Kurmadeva repräsentiert. In dieser spirituellen Gestalt erhält Gott das gesamte Universum. Sie steht für die Struktur und den Erhalt der Welt und gibt dem Universum seine Dauerhaftigkeit trotz seines an sich vergänglichen Charakters. Auch der Planet Saturn verleiht den Dingen dieser Welt ihre Beständigkeit. Er repräsentiert die Zeit und bestimmt daher auch die Lebensdauer des Menschen. Menschen mit einem starken Saturn haben daher im Allgemeinen ein langes Leben. Aus Kurmadevas Atem gehen auch die Lebenssymptome wie Atmen und die Funktionen des Geistes wie Annehmen und Ablehnen hervor. Auch die Kundalini-Kraft, die Lebensenergie, ist mit dem Atem Kurmadevas verbunden. Der Atem des Menschen hängt eng mit seiner Lebensdauer und mit seinem Tod zusammen. Die Abhängigkeit der Lebewesen vom Atem zeigt ihre Unterwerfung unter den Kreislauf von Geburt und Tod. Die Überwindung des Atems führt den Yogi letztlich zur Überwindung des Todes. Der Planet Saturn steht ebenfalls für den Tod und die Lebensdauer des Menschen.

Die Verehrung Kurmadevas durch das Rezitieren des entsprechenden Mantra hilft Saturn zu stärken, falls er ein funktional positiver Planet ist, und transformiert dessen Energie ins Positive, falls sein funktionaler Charakter negativ ist. Die Verehrung geschieht mit Hilfe des folgenden Mantra, das wie in den vorigen Fällen jeweils frühmorgens 108-mal rezitiert werden sollte. Besonders wirkungsvoll ist eine solche Verehrung samstags wegen der starken Präsenz von Saturn an diesem Tag.

Kurmadeva wird mit dem Mantra verehrt: *om namo bhagavate kurmadevaya.*

Zudem kann das folgende Kurmadeva-Yantra mit dem Rezitieren des Mantra verehrt werden.

Das Kurmadeva-Yantra

Kurmadeva-Mantra:

om namo bhagavate kurmadevaya

Rahu – Varahadeva

Rahu wird auf der spirituellen Ebene von Varahadeva beherrscht, einer Inkarnation Gottes, die das Bewusstsein der Lebewesen aus dem materiellen Einfluss befreien kann. Rahus Einfluss macht sich im Leben eines Menschen vor allem durch die nachhaltige materielle Bedeckung seines Bewusstseins bemerkbar. Unter seinem Einfluss entwickelt der Mensch unerfüllbare Wünsche, strebt nach hoch gesteckten materiellen Zielen, wird maßlos und setzt sich leicht über andere und deren Wohlergehen hinweg. Er bedeckt das Bewusstsein durch allerlei Arten von Drogen und Genüssen und führt die Seele so vom spirituellen Weg ab. Varahadeva ist die spirituelle Form Gottes, die diesem Einfluss am besten entgegenwirken kann. Varahadeva verkörpert die Kraft, die die Erde immer wieder ins Licht des spirituellen Bewusstseins zurückbringt, vor allem dann, wenn sie am tiefsten in der Dunkelheit der Unwissenheit versunken ist.

Auf diese Weise kann die Verehrung Varahadevas das negative Potenzial des Planeten Rahu in positive Energie umwandeln. Dies ist bei Rahu besonders wichtig, da er an sich die materielle Entwicklung des Menschen fördert, jedoch zumeist um den Preis, dass die betreffenden Menschen immer materialistischer werden. Durch die Verehrung Varahadevas mit dem entsprechenden Mantra wird auch Rahu selbst gestärkt, so dass seine eigenen Wesensmerkmale unterstützt werden und gleichzeitig sein materialistischer Einfluss transformiert wird. Damit verliert er nicht nur sein Potenzial, Leid zu verursachen, sondern auch seine Kraft, das Bewusstsein des Menschen in die Richtung von dumpfem Materialismus zu ziehen.

Das folgende Mantra sollte zur Verehrung Varahadevas täglich am besten frühmorgens 108-mal rezitiert werden: *om namo bhagavate varahadevaya.*

Zudem kann das folgende Varahadeva-Yantra mit dem Rezitieren des Mantra verehrt werden.

Das Varahadeva-Yantra

Varahadeva-Mantra:

om namo bhagavate varahadevaya

Ketu – Matsyadeva

Der neunte Planet Ketu wird auf der spirituellen Ebene von Matsyadeva beherrscht, der Inkarnation Gottes als gewaltiger Fisch. Ebenso wie Vamanadeva steht Ketu für Wachstum, da Matsyadeva dem König Priyavrata als ein kleiner Fisch in einem Wassertropfen erschien und dann so stark wuchs, dass ein See nicht mehr ausreichte, um ihn aufzunehmen. In der Gestalt eines kilometergroßen Fisches rettete er den König und viele Menschen vor einer großen Sintflut. Diese Geschichte entspricht in vielen Details der biblischen Erzählung von der Arche Noah. Der Planet Ketu verursacht zwar im Leben eines Menschen schwerwiegende Leiden, falls er andere Planeten oder Häuser angreift, jedoch bewirken diese Leiden, dass der Mensch seine eigene Hilflosigkeit erkennt und sich an Gott wendet, um Schutz und Zuflucht zu finden, ebenso wie der König Priyavrata von Matsyadeva vor dem Ozean des materiellen Daseins beschützt wurde. Die Transformation der negativen Ketu-Energie ins Positive ist daher besonders wichtig, gerade um den Fortschritt eines Menschen auf dem spirituellen Pfad zu fördern; doch auch zur Verringerung des durch die materielle Energie verursachten Leids ist die Verehrung Ketus durch das folgende Mantra hilfreich: *om namo bhagavate matsyadevaya.*

Dieses Mantra sollte ebenfalls regelmäßig täglich frühmorgens 108-mal rezitiert werden, um eine nachhaltige Wirkung zu erzielen.

Zudem kann das folgende Varahadeva-Yantra mit dem Rezitieren des Mantra verehrt werden.

Das Matsyadeva-Yantra

Matsyadeva-Mantra:

om namo bhagavate matsyadevaya

Der Aszendent – die aufsteigende Kraft: *Kalki-avatar*

Die Reihe der den neun Planeten zugeordneten spirituellen Herrscher wird durch eine zehnte Manifestation vervollständigt, die als Kalki-avatar bezeichnet wird. Diese Form Gottes wird keinem Planeten zugeordnet, sondern beschützt den Aszendenten.

Kalki erscheint nach Aussagen der vedischen Schriften am Ende eines jeden großen Zyklus der vier Weltzeitalter, um das eiserne Zeitalter zu beenden, in dem wir uns nach dem vedischen Kalender seit ca. 5000 Jahren befinden, und einen neuen Zeitzyklus, beginnend mit dem goldenen Zeitalter, einzuleiten. Daher lässt Kalki ein neues Weltzeitalter aufsteigen, ebenso wie der Aszendent das zum Zeitpunkt der Geburt aufsteigende Zeichen ist.

Kalki wird in den Veden als ein Reiter auf einem weißen Pferd beschrieben, der zur Zeit der größten Degeneration der menschlichen Gesellschaft erscheint, um den Übergang in ein Zeitalter des Lichtes und des spirituellen Bewusstseins vorzubereiten. Die Beschreibungen des Kalki-avatar im *Bhagavad-Purana* entsprechen denen des apokalyptischen Reiters in der Offenbarung des Johannes. Kalki-avatar kann durch das folgende Mantra verehrt werden, das ebenfalls regelmäßig 108-mal täglich rezitiert werden sollte:

om namo bhagavate kalkidevaya

Die vedischen «Zaubermittel» für jeden Aszendenten

Dieses Kapitel enthält für jeden Aszendenten alle Informationen, die zur Ermittlung der wirkungsvollsten vedischen Hilfsmittel notwendig sind. Entsprechend den zu stärkenden Lebensbereichen und auftretenden Symptomen werden die förderlichen Farben und Edelsteine aufgelistet. Weiterhin wird für jeden Aszendenten beschrieben, wie man die zu stärkenden positiven und die zu transformierenden negativen Planeten jeweils aus der Beobachtung von Symptomen und den zu stärkenden Lebensbereichen bestimmen kann. Du solltest daher für deinen persönlichen Aszendenten beziehungsweise den Aszendenten einer anderen Person aus den sich anschließenden Zusammenstellungen die folgenden Informationen gewinnen:

1) Welche Farben sollte ich vermeiden und welche sind empfehlenswert für mich? Was bewirken die Farben für mich?
2) Welche Edelsteine sollte ich tragen und was bewirken sie für mich?
3) Welche meiner funktional positiven Planeten bedürfen am meisten der Stärkung?
4) Welche meiner funktional negativen Planeten bedürfen am meisten der Transformation?

zu 3) Welche der funktional positiven Planeten sind besonders schwach beziehungsweise angegriffen und sollten daher gestärkt werden? Dies findet man für jeden Aszendenten anhand der nachfolgenden ausführlichen Symptomenbeschreibungen heraus, die sich im Leben des Betreffenden erkennen lassen.

zu 4) Welcher funktional negative Planet ist gegenwärtig in seiner Wirkung besonders spürbar?

Die Bestimmung der vedischen Hilfsmittel

Sind positive Planeten festgestellt worden, die es zu unterstützen gilt, so sollten diese mit Hilfe von Farben, Edelsteinen und Zahlen-Kavacas gestärkt werden. Ob einer dieser Planeten zusätzlich mit Hilfe von Mantras unterstützt werden sollte, hängt von dem Ausmaß ab, in dem sich seine Schwäche im Leben bereits manifestiert. Im Allgemeinen ist es ausreichend, gegen die allgemeine Schwäche der positiven Planeten entsprechende Zahlen-Kavacas zu tragen.

Wirkt sich einer der funktional negativen Planeten besonders spürbar aus, so sollte die Energie dieses Planeten mit Hilfe aktiver gezielter Maßnahmen transformiert werden. Hierzu gehören die regelmäßigen Hilfestellungen und Dienste, die man Menschen erweist, welche die Energie eines bestimmten funktional negativen Planeten verkörpern, und die Verehrung eines der Dashavataras mit dem entsprechenden Mantra. Im Allgemeinen ist eine der beiden Maßnahmen, also entweder das praktizierte Mitgefühl oder die Rezitation von Mantras ausreichend, um einen gegebenen Einfluss umzuwandeln; bei größerer Belastung kann es jedoch ratsam sein, praktiziertes Mitgefühl und Mantra-Rezitation anzuwenden.

Wichtig hierbei ist, dass du dir eine Liste der möglichen Hilfsmittel zusammenstellst, die der gegebenen Situation entsprechen. Du solltest dann realistisch einschätzen, ob du die ausgewählten Maßnahmen auch tatsächlich über einen längeren Zeitraum durchführen kannst. Es hat keinen Sinn, mit einer Maßnahme zu beginnen und sie dann nach einer Woche wieder einzustellen. Die dargestellten Maßnahmen sollten in leichten Fällen mindestens 41 Tage, in schwereren Fällen bis zu einem Jahr und in ganz schweren Fällen fortwährend ausgeführt werden.

Die Maßnahmen nochmals auf einen Blick

Nachfolgend werden die wichtigsten Maßnahmen und Schritte zur Auswahl der geeigneten vedischen Hilfsmittel zum Schutz und zur Stärkung des Aszendenten zusammengefasst.

1) Bestimmung des Aszendenten

2) Bestimmung der funktional positiven und negativen Planeten

3) Bestimmung der empfohlenen und nicht empfohlenen Farben

4) Bestimmung des positiven Planeten, der am stärksten angegriffen oder betroffen ist, durch Vergleich der Auswirkungen mit den Bedeutungsebenen der Planeten

5) Auswahl des geeigneten Edelsteines zur Stärkung dieses Planeten

6) Anlegen eines Kavaca zur Stärkung aller positiven Planeten zu einem günstigen Zeitpunkt

7) Bestimmung des funktional negativen Planeten, der die stärksten Probleme verursacht. Dies geschieht wiederum im Vergleich der Auswirkungen mit den Bedeutungsebenen der angreifenden Planeten

8) Auswahl der geeigneten Maßnahmen zur Transformierung der Energien von funktional negativen Planeten (Dienst- bzw. Hilfeleistungen für bestimmte Menschen, was von der Natur des angreifenden Planeten abhängt)

9) Verehrung des Dashavatara durch Rezitation des entsprechenden Mantra zum Ausgleich der Energien des am stärksten angreifenden funktional negativen Planeten

Hilfe bei besonders schwerwiegenden Problemen

Unter diesen Maßnahmen sind die folgenden für den Umgang mit schwerwiegenden Problemen von besonderer Wichtigkeit:

zu 5) Das Tragen des dem wichtigsten positiven Planeten entsprechenden Edelsteins

zu 6) Das Anlegen des Aszendenten-Kavaca (Zahlen-Yantra in Silberplättchen graviert) bildet die Grundlage, um die positiven Planeten vor Angriffen zu schützen

zu 8 u. 9) Maßnahmen zur Transformierung des stärksten funktional negativen Planeten, was entweder durch Dienst- oder Hilfeleistungen für bestimmte Menschen oder durch Verehrung und Rezitation des geeigneten Mantra geschieht.

Allein mit der Anwendung der unter 5, 6, 8 und 9 vorgeschlagenen Mittel können die negativen Aspekte der Planeten um bis zu 75% reduziert werden.

Aszendent *Widder*

Empfohlene unterstützende Farben

Neben dumpfen und schmutzigen Farben, die jeder Aszendent vermeiden sollte, und der Farbe Grau, die sich ebenfalls nicht förderlich auf die Stärkung der funktional positiven Planeten auswirkt, sollte man mit Aszendent Widder vor allem die Farbe Grün vermeiden. Die Farbe Grün ist dem Planeten Merkur zugeordnet, der für jemanden mit Aszendent Widder der Herrscher des 6. Hauses ist, das sich im Sternzeichen Jungfrau befindet. Merkur repräsentiert daher im Horoskop des Widder-Aszendenten Krankheiten, Feindschaften und Verschuldung. Um seine Gesundheit und Vitalität im Allgemeinen zu stärken, sollte jemand mit diesem Aszendenten daher kräftige rote Farbtöne verwenden. Hierdurch wird sein 1. Haus, das von Mars beherrscht wird, gestärkt. Auch das 8. Haus, das für chronische Krankheiten und andere schwerwiegende Hindernisse und Schwierigkeiten im Leben steht, wird durch den Einsatz der roten Farbe unterstützt. Bei Schwierigkeiten im beruflichen Bereich, der durch das 10., 2. und 5. Haus repräsentiert wird, sind vor allem die Farben der Sonne vorzuziehen, das heißt zum Beispiel Orange. Auch können hier generell rote Farbtöne helfen, da der Planet Mars Energie und Entschlossenheit verleiht, die notwendig sind, um im beruflichen Bereich Erfolg zu haben. Familienangelegenheiten, die für den Aszendenten Widder mit dem 7. Haus in Zusammenhang stehen, können mit den Farben von Venus und dem 2. Haus gefördert werden. Blaue Farbarrangements unterstützen daher die Familienangelegenheiten des Widder-Aszendenten.

Um sein Einkommen zu stärken, sollte der Betreffende vor allem die Farben von Saturn, dem Herrscher des 11. Hauses, verwenden. Hier helfen in erster Linie tiefdunkle Blautöne und Schwarz. Eine große Bedeutung im Leben eines Menschen spielen auch seine Initiativen, Bemühungen und sein Mut. Um diesen Lebensbereich zu stärken, sollte der Widder-Aszendent ebenfalls die Farben des Mars, das heißt kräftige rote Töne verwenden, wodurch gleichzeitig seine Beziehungen zu seinen jüngeren Geschwistern verbessert werden.

Geht es ihm jedoch mehr um die Stärkung seiner Beziehung zur Mutter, die in diesem Falle dem Mond als Herrscher des 4. Hauses zugeordnet ist, so sollte er sich vor allem mit der Farbe Weiß umgeben. Die Wirkung von Weiß unterstützt in seinem Fall auch ganz besonders den

Lebensbereich, der das häusliche Wohlbefinden betrifft, den Umgang mit Immobilien und Fahrzeugen und seinen Erfolg in Schule, Ausbildung und Studium.

Ganz besonders wirksam sind Farben für den Widder-Aszendenten auch zur Förderung der kreativen Intelligenz, seiner Konzentrationsfähigkeit, seines Erfolgs im Studium und seiner gedanklichen Schärfe. Hierzu sind ebenfalls die Farben der Sonne, das heißt Orange oder auch goldene Gegenstände geeignet. Sonnenfarben helfen ihm auch dabei, seine Beziehung zu Kindern zu verbessern und unterstützen die Erfüllung von Kinderwünschen.

Um Beziehungen, vor allem Liebesbeziehungen zu verbessern oder neue Perspektiven in das Eheleben hineinzubringen, sollte sich der Aszendent Widder bevorzugt mit venusischen Farben umgeben.

Die Farbe Gelb, die dem Planeten Jupiter zugeordnet ist, unterstützt für den Widder-Aszendenten nicht nur die Funktion der Leber und der Bauchspeicheldrüse, sondern hilft ihm auch dabei, seine eigentliche Bestimmung im Leben zu finden, seinem Dharma näher zu kommen und auf seinem spirituellen Weg Fortschritte zu machen. Auch seine Beziehung zu seinem Vater wird durch die Farbe Gelb unterstützt, da Jupiter für den Widder-Aszendenten ebenfalls den Vater repräsentiert.

Farben wirken vor allem direkt auf die Psyche des Menschen und beeinflussen seinen feinstofflichen Körper und damit seine Aura. In diesen subtilen Bereichen entfalten sie eine nachhaltige Wirkung. Daher ist der gezielte Einsatz von Farben vor allem bei energetischen Störungen, psychischen Beschwerden, Depressionen, Epilepsie, Nervenschwäche und ähnlichen Beschwerden empfohlen. Bei körperlichen Beschwerden wird selbst der gezielte Einsatz von Farben keinen direkt spürbaren Erfolg bringen, kann jedoch die Wirkungen der anderen in diesem Buch beschriebenen Korrekturmaßnahmen nachhaltig unterstützen, sodass es sich durchaus lohnt, auf die Auswahl der Farben in seiner Umgebung zu achten.

Zusammenfassung:

Förderliche Farben:
Orange, Weiß, Rot, Gelb, Königsblau, Schwarz

Zu vermeidende Farben:
Grün, Grau und Braun

Empfohlene schützende Edelsteine

Die folgenden Listen geben Aufschluss darüber, welche Edelsteine für den *Widder*-Aszendenten besonders empfohlen werden, um bestimmte Lebensbereiche zu stärken oder speziellen Krankheiten vorzubeugen. Man sieht hier, dass mit der Auswahl eines Edelsteins zugleich mehrere geschwächte Lebensbereiche, Körperbereiche und Dispositionen positiv beeinflusst werden können.

Empfohlene Edelsteine zur Stärkung einzelner Lebensbereiche

Haus	Lebensbereich	Edelstein
1.	Gesundheit	rote Koralle
2.	Familie Reichtum	Diamant Diamant
3.	Initiativen jüngere Geschwister	rote Koralle rote Koralle
4.	Mutter Häuslichkeit Immobilien Bildung	Perle Perle, Diamant Perle, Diamant Perle, gelber Saphir
5.	Intelligenz Kreativität Kinder Emotionen	Rubin Rubin Rubin, gelber Saphir Rubin, Perle
6.	Stärkung mit Edelstein nicht möglich	
7.	Ehe, Partnerschaft Liebe	Diamant, rote Koralle Diamant
8.	Lebensdauer*	rote Koralle
9.	Vater Spiritualität Fortuna	gelber Saphir gelber Saphir gelber Saphir
10.	Beruf, Taten gutes Karma	blauer Saphir blauer Saphir
11.	Einkommen, Gewinne	blauer Saphir
12.	Institutionen	gelber Saphir

* schützt vor Unfällen und starken Schwierigkeiten

Empfohlene Edelsteine zur Stärkung von Körperteilen und zur Anwendung bei den folgenden Gesundheitsproblemen

Rubin	*Körperteile:*	Magen, Bauchspeicheldrüse, Verdauungsorgane, Leber, Galle, Darm, Milz, Rückgrat
	Gesundheitsprobleme:	Fieber, allgemeine Schwäche, Herzschwäche, Magenbeschwerden, Augenkrankheiten, Hautirritationen, Wunden, Verbrennungen, Vergiftungen
Perle	*Körperteile:*	Herz, Brustkorb, Brust, Lunge
	Gesundheitsprobleme:	Lethargie, Schläfrigkeit, Blasenschwäche, Schleim, Durchfall, Erkältungen, Beulen, Verdauungsschwäche, Hepatitis, mentale Störungen, Unreinheiten des Blutes, Wasserunfälle
rote Koralle	*Körperteile:*	Kopf, Gesicht, Gehirn, Knochen des Gesichts, Hoden
	Gesundheitsprobleme:	Unreinheiten des Blutes, Hepatitis, Fieber, Verbrennungen, Vergiftungen, Augenprobleme, Krankheiten des Knochenmarks, Beulen, Kopfschmerzen, Gehirntumore
gelber Saphir	*Körperteile:*	Hände, Schultern, rechtes Ohr, Luftröhre, Hüfte, Oberschenkel, Knochenmark, Arterien
	Gesundheitsprobleme:	Gastritis, Blähungen, Fieber, höhere Störungen, Ohnmacht, Diabetes, Gelbsucht
Diamant	*Körperteile:*	Hals, Nacken, rechtes Auge, Sehnen, Speiseröhre, Fortpflanzungsorgane, Gebärmutter
	Gesundheitsprobleme:	Leber, Geschlechtskrankheiten, Augenprobleme, Diabetes, Lethargie, Schwellungen, allgemeine Schwäche
blauer Saphir	*Körperteile:*	Gelenke, Knie, Knochen, linkes Ohr, linker Arm, Unterschenkel
	Gesundheitsprobleme:	rheumatische Erkrankungen, Erkrankungen der Füße und des Magens, Gastritis

Schutz und Heilung durch Mantras und gezielt gelebtes Mitgefühl

Anhand der beiden folgenden Auflistungen kannst du erkennen, wo für deinen Bodyguard der größte Handlungsbedarf besteht, das heißt, welche/n positiven Planeten du vorrangig stärken kannst und welche negativen Planeten du unbedingt transformieren solltest.

Auch funktional positive Planeten bedürfen der Stärkung. Mittels der folgenden Aufstellung kannst du anhand der Auswirkungen schwacher oder angegriffener Planeten erkennen, welche/r deiner Planeten am meisten der Stärkung bedürfen. Diese **funktional positiven Planeten** können mit Hilfe **von allen fünf vedischen Hilfsmitteln gestärkt** werden.

Bestimmung der funktional *positiven* Planeten, die am meisten der Stärkung bedürfen

stärke	in folgenden Situationen
Sonne	schwache Gesundheit; mittlere Lebensdauer
Mond	Hindernisse für die Ausbildung; Verlust von Komfort und mentalem Frieden; Schwierigkeiten für die Mutter
Mars	schwache Verdauung; Anämie; Schwierigkeiten für männliche Nachkommen
Jupiter	Probleme für den Vater und den Besitz
Venus	wenig Eheglück
Saturn	geringes Einkommen; Krankheiten der Knochen und des Nervensystems

Und dann geht es um unsere «großen Herausforderer» und damit um die Feststellung des größten Bedarfs an Schutz und Heilung.

Die folgende Auflistung ordnet die funktional negativen Planeten für den *Widder*-Aszendenten ihren möglichen Auswirkungen zu. Anhand der Stichworte kannst du herausfinden, welcher Planet in deinem Horoskop zum gegenwärtigen Zeitpunkt am stärksten der Transformation bedarf. Die **funktional negativen Planeten** können **nur** mit Hilfe **von Mantras, Verehrung und aktiv gelebtem Mitgefühl transformiert** werden.

Bestimmung der funktional *negativen* Planeten, die der Transformation bedürfen

transformiere	bei folgenden Problemen
Merkur	akute und chronische Krankheiten, schwache Verdauung, Schulden, Feindschaften, Probleme mit Kindern, Nervenprobleme, schwache Gesundheit; impulsiv; rücksichtslos
Rahu	Krebs, nicht diagnostizierte Krankheiten, Depressionen, übertriebener Materialismus, lang anhaltende chronische Krankheiten, lang anhaltende Schwierigkeiten
Ketu	schwerwiegende akute Krankheiten, Fieber, nicht diagnostizierte Krankheiten, kurze intensive Schwierigkeiten

Aszendent *Stier*

Empfohlene unterstützende Farben

Für einen Menschen mit Aszendent Stier besitzen fünf Planeten einen funktional negativen Charakter. Neben den obligatorischen «Übeltätern» Rahu und Ketu sind in seinem Geburtshoroskop auch die Planeten Mars, Venus und Jupiter problematisch. Daher sollte der Stier-Aszendent die diesen Planeten zugeordneten Farben möglichst vermeiden. Gelbe Farbtöne, die dem Planeten Jupiter zugeordnet sind, fördern beim Stier-Aszendenten vor allem chronische Erkrankungen, die Tendenz zu Unfällen und andere schwerwiegende Hindernisse im Leben. Rote Farbtöne, die dem Planeten Mars zugeordnet sind, führen vor allem zu Verlusten in unterschiedlichsten Lebensbereichen. Zu vermeiden sind auch die Farben von Venus, wie Blau oder farblich sehr sinnlich gestaltete Bereiche, da hierdurch die Indikationen des 6. Hauses betroffen sind und damit Krankheiten, Feindschaften und Schulden gefördert werden.

Um allgemein seine Gesundheit zu stärken, sollte der Stier-Aszendent vor allem Farben der Sonne wie Orange zur Anwendung bringen. Goldene Farbtöne sollten von ihm dagegen vermieden werden, da diese auch dem ihm nicht wohl gesonnenen Jupiter zugeordnet werden können. Auch zur Unterstützung von Familienangelegenheiten sind Farben der Sonne sehr förderlich.

Berufliche Belange unterstützt der Stier-Aszendent am besten durch die Auswahl dunkler Blautöne und schwarzer Dinge, da Saturn als Herrscher des 10. Hauses bei ihm über die beruflichen Angelegenheiten bestimmt. Das Gleiche gilt für seine finanziellen Belange und die Förderung seines finanziellen Wohlstands, der ebenfalls mit den Farben von Saturn gestärkt werden kann.

Um im Leben mehr, erfolgreichere und zufrieden stellende Initiativen zu entwickeln, was sich sowohl auf den privaten als auch den geschäftlichen Lebensbereich beziehen kann, sollte der Stier-Aszendent ebenfalls mit Farben sein 3. Haus stärken, das sich im Tierkreiszeichen Krebs befindet und somit vom Mond beherrscht wird. Da der Mond für den Aszendenten Stier ein funktional positiver Planet ist, kann er ebenfalls durch weiße oder silberne Farben unterstützt werden. Hierdurch fördert der Stier auch die Beziehung zu seinen jüngeren Geschwistern und deren Wohlergehen.

In Zeiten, in denen es dem Stier-Aszendenten vor allem um seine Mutter, seine Beziehung zu ihr oder um seine häusliche Lebensqualität geht, sollte er ebenfalls verstärkt auf Farben der Sonne zurückgreifen. Solche Farben wie ein kräftiges Orange oder Kupferfarben fördern auch generell den Hausbesitz, Immobilienangelegenheiten und alles, was mit Fahrzeugen, Autos und anderen Besitztümern zu tun hat.

Eine besondere Bedeutung für den Stier-Aszendenten hat die Farbe Grün. Als Farbe von Merkur, der das 5. Haus und damit den Lebensbereich der kreativen Intelligenz, des Wissens, der Konzentration und Meditation beherrscht, wirkt sie sich besonders förderlich auf seine geistige, intellektuelle und emotionale Entwicklung aus. Auch unerfüllte Kinderwünsche oder das Wohlergehen der eigenen Kinder können durch die Verwendung der Farbe Grün im eigenen Lebensbereich gefördert werden.

Die Sonne spielt für den Stier-Aszendenten als Herrscher des 4. Hauses eine ganz besonders große Rolle. Ihre Farbe unterstützt auch den Lebensbereich der Liebe und Partnerschaft. Um die Liebe, Ehe oder generell Beziehungen zu verbessern, sollte daher das Schlafzimmer und auch das Bettzeug in Farben der Sonne gewählt werden. Das Gleiche gilt für den Lebensbereich der Spiritualität, der beim Stier ebenfalls von der Sonne beherrscht wird. Auch die Beziehung zum Vater und sein Wohlergehen wird durch sonnige Farben verbessert.

Leidet ein Mensch mit Aszendent Stier unter Knieproblemen, Rheumatismus oder anderen Gelenkbeschwerden, so kann er seine Heilung mit der Farbe Schwarz unterstützen. Bei Hitze oder Lungenkrankheiten ist die Farbe Orange sehr hilfreich, wobei Störungen des Verdauungssystems mit grünen Farbtönen entgegengewirkt werden kann. Bei Problemen mit den Ohren, Händen, Schultern oder der Luftröhre ist die Farbe Weiß hilfreich.

Zusammenfassung:

Förderliche Farben:
Orange, Weiß, Grün, Schwarz

Zu vermeidende Farben:
Königsblau, Gelb, Rot, Grau und Braun

Empfohlene schützende Edelsteine

Die folgenden Listen geben Aufschluss darüber, welche Edelsteine für den *Stier*-Aszendenten besonders empfohlen werden, um bestimmte Lebensbereiche zu stärken oder speziellen Krankheiten vorzubeugen. Man sieht hier, dass mit der Auswahl eines Edelsteins zugleich mehrere geschwächte Lebensbereiche, Körperbereiche und Dispositionen positiv beeinflusst werden können.

Empfohlene Edelsteine zur Stärkung einzelner Lebensbereiche

Haus	Lebensbereich	Edelstein
1.	Gesundheit	Rubin
2.	Familie	Rubin
	Reichtum	blauer Saphir
3.	Initiativen	Perle
	jüngere Geschwister	Perle
4.	Mutter	Rubin
	Häuslichkeit	Rubin
	Immobilien	Rubin
	Bildung	Rubin, Smaragd
5.	Intelligenz	Smaragd
	Kreativität	Smaragd
	Kinder	Smaragd
	Emotionen	Smaragd, Perle
6.	Stärkung mit Edelstein nicht möglich	
7.	Ehe, Partnerschaft	Rubin
	Liebe	Rubin
8.	Lebensdauer*	blauer Saphir
9.	Vater	Rubin
	Spiritualität	Rubin
	Fortuna	Rubin
10.	Beruf, Taten	blauer Saphir
	gutes Karma	blauer Saphir
11.	Einkommen, Gewinne	Rubin
12.	Institutionen	Rubin

* schützt vor Unfällen und starken Schwierigkeiten

Empfohlene Edelsteine zur Stärkung von Körperteilen und zur Anwendung bei den folgenden Gesundheitsproblemen

Rubin	*Körperteile:*	Herz, Brustkorb, Brust, Lunge
	Gesundheitsprobleme:	Erkrankung des rechten Auges, hohes Fieber, Herzkrankheiten, Krankheiten des Magens, Hautkrankheiten, Knochenbrüche, Lepra, Kopfschmerzen, häufig Krankheiten in der Vergangenheit
Perle	*Körperteile:*	Hände, Schultern, rechtes Ohr, Luftröhre
	Gesundheitsprobleme:	Herzkrankheiten, Lungenkrankheiten, Erkrankungen des linken Auges, Schläfrigkeit, Asthma, Durchfall, Blutlosigkeit, Blutvergiftung, Erbrechen, Nierenbeschwerden, Diabetes, Menstruationsbeschwerden, Erkrankungen des Blinddarms
Smaragd	*Körperteile:*	Magen, Bauchspeicheldrüse, Verdauung, Leber, Galle, Darm, Milz, Rückgrat
	Gesundheitsprobleme:	Erkrankungen des Brustkorbs, Nervenschwäche, psychische Störungen, Epilepsie, Erkrankungen der Nase, Erkrankungen des Nabels, hohes Fieber, Vergiftungen, Juckreiz, Knochenbrüche, Typhus, Verrücktheit, Erkrankungen der Gallenblase, Lähmungen, Verdauungsstörungen, Cholera, Erkrankungen des Mundes und der Haut
blauer Saphir	*Körperteile:*	Hüfte, Oberschenkel, Knochenmark, Arterien, Knie, Gelenke, Knochen
	Gesundheitsprobleme:	allgemeine Schwäche, Magenschmerzen, Amputation, Karies, Knochenbrüche, Knochenschwäche, Osteoporose, rheumatische Beschwerden, Blindheit, mentale Sorgen, Wunden, Haarprobleme, Muskelschmerzen, Lähmungen, Hysterie, Taubheit

Schutz und Heilung durch Mantras und gezielt gelebtes Mitgefühl

Anhand der beiden folgenden Auflistungen kannst du erkennen, wo für deinen Bodyguard der größte Handlungsbedarf besteht, das heißt, welche/n positiven Planeten du vorrangig stärken kannst und welche negativen Planeten du unbedingt transformieren solltest.

Auch funktional positive Planeten bedürfen der Stärkung. Mittels der folgenden Aufstellung kannst du anhand der Auswirkungen schwacher oder angegriffener Planeten erkennen, welche/r deiner Planeten am meisten der Stärkung bedürfen. Diese **funktional positiven Planeten** können mit Hilfe **von allen fünf vedischen Hilfsmitteln gestärkt** werden.

Bestimmung der funktional *positiven* Planeten, die am meisten der Stärkung bedürfen

stärke	in folgenden Situationen
Sonne	Schwierigkeiten für die Eltern; Verlust des Komforts; gestörtes Eheleben; Verlust der Ausbildung
Mond	fehlende Initiative und Mut; Kommunikationsstörungen und geringes Wachstum
Sonne	kurze Lebensdauer
Merkur	Unglück durch Nachkommen; Störungen und Verluste durch Spekulationen
Saturn	gewöhnlicher Beruf; Rückschläge und Hindernisse

Und dann geht es um unsere «großen Herausforderer» und damit um die Feststellung des größten Bedarfs an Schutz und Heilung.

Die folgende Auflistung ordnet die funktional negativen Planeten für den *Stier*-Aszendenten ihren möglichen Auswirkungen zu. Anhand der Stichworte kannst du herausfinden, welcher Planet in deinem Horoskop zum gegenwärtigen Zeitpunkt am stärksten der Transformation bedarf. Die **funktional negativen Planeten** können **nur** mit Hilfe **von Mantras, Verehrung und aktiv gelebtem Mitgefühl transformiert** werden.

Bestimmung der funktional *negativen* Planeten, die der Transformation bedürfen

transformiere	bei folgenden Problemen
Rahu	Krebs, nicht diagnostizierte Krankheiten, Depressionen, übertriebener Materialismus, lang anhaltende chronische Krankheiten, lang anhaltende Schwierigkeiten
Ketu	schwerwiegende akute Krankheiten, Fieber, nicht diagnostizierte Krankheiten, kurze intensive Schwierigkeiten
Venus	akute und chronische Krankheiten, Feindschaften, Schulden, Augenprobleme, Geschlechtskrankheiten, Schwierigkeiten bei der Auseinandersetzung mit der weiblichen Energie. Kranker Körper; schwache Finanzen; Verluste durch Streit, Diebstahl und Feuer, wenig Eheglück
Jupiter	chronische Krankheiten, übertrieben große Hindernisse im Leben, lebensbedrohliche Krankheiten, Unfälle, Rückschläge, Leberprobleme, Diabetes, Hüftprobleme, Probleme mit Priestern, Lehrern, spirituellen Meistern. Probleme in der Ehe; kurze Ehe; finanzielle Rückschläge für den Vater und Verlust der Erbschaft
Mars	Verluste aller Art, Aggressivität, Krankheiten durch zu viel Hitze und Feuer im Körper, Unfälle, Vergiftungen, Wunden, zu hoher Blutdruck, Blutvergiftungen, Entzündungen, Knochenbrüche, Krebs, Tumore. Probleme in der Ehe

Aszendent *Zwillinge*

Empfohlene unterstützende Farben

Menschen, die mit Aszendent Zwillinge geboren werden, besitzen unter allen Tierkreiszeichen die meisten funktional positiven Planeten. Das führt dazu, dass Zwillings-Aszendenten im Allgemeinen in ihrem Leben weniger schwerwiegende Probleme, Krankheiten und andere Schwierigkeiten zu bewältigen haben als Menschen mit einem Aszendenten, der eine größere Anzahl an funktional negativen Planeten besitzt. Für einen Zwillings-Aszendenten sind lediglich die beiden Schattenplaneten Rahu und Ketu mit negativen Energien belastet, während alle anderen Planeten generell von positiver Natur sind. Daher ist es dem Zwillings-Aszendenten erlaubt, außer den grauen und dumpfen Farben der Planeten Rahu und Ketu alle anderen Farben zu verwenden. Auch für ihn eignen sich verschiedene Farben besonders gut für bestimmte Zwecke. So stärkt beispielsweise die Merkur zugeordnete Farbe Grün sowohl seine allgemeine körperliche Konstitution und Gesundheit als auch das Wohlergehen seiner Mutter, seine Beziehung zu ihr und seine häuslichen Belange. Ebenfalls fördert Grün für ihn den Umgang mit Immobilien, Fahrzeugen und Landbesitz.

Der Beruf und Einkommensfragen sind für den Aszendent Zwillinge vor allem mit dem Planeten Mond verbunden, der als Herrscher des 2. Hauses auch dessen Wohlstand und sein Bankkonto beherrscht. Daher fördern weiße und silberne Farbtöne besonders sein materielles Wohlergehen. Die Farben der Sonne, wie Orange und Gold, stärken vor allem die Initiativen, Bemühungen und den Mut des Zwillings-Aszendenten, in seinem Leben etwas Besonderes zu leisten und die Initiative zu ergreifen. Auch die Beziehung zu seinen jüngeren Geschwistern wird durch diese Farben gefördert.

Geht es um die Förderung von Ausbildungsangelegenheiten, schulischen Belangen oder Studium, so sind vor allem Farben hilfreich, die der Sonne, Merkur und Venus zuzuordnen sind. Den Bereich der kreativen und analytischen Intelligenz fördern besonders eine bunte vielseitige farbliche Gestaltung und Blautöne, während die Farbe Grün seiner Ausbildung im Allgemeinen gut tut.

Gelbe Farbtöne helfen dem Zwillings-Aszendenten vor allem dabei, die Qualität und Tiefe seiner Beziehungen zu verbessern. Sie können sich jedoch auch auf den beruflichen Lebensbereich förderlich auswirken. Um chronischen Erkrankungen vorzubeugen, kann der Zwillings-Aszendent Schwarz verwenden. Die gleiche Farbe fördert in seinem Fall seine Neigung zur Spiritualität, seine Beziehung zum Vater, sein Glück im Allgemeinen und hilft ihm dabei, seine eigene Bestimmung zu erreichen.

Kräftige rote Farbtöne unterstützen beim Zwillings-Aszendenten vor allem das 1. Haus und damit sein Einkommen, seine Gewinne und generell die Erfüllung seiner Wünsche. Die Farben von Mars helfen ihm auch dabei, Erkrankungen vorzubeugen.

Bei Problemen mit dem Kopf, wie Kopfschmerzen, und bei Beschwerden des Herzens, der Brust und der Lunge sollte der Zwillings-Aszendent grüne Farbtöne zur Anwendung bringen. Die Farbe Weiß fördert die Gesundheit seiner Zähne und beugt Schwierigkeiten mit der Speiseröhre, dem Hals im Allgemeinen und den Augen vor. Um dem Magen etwas Gutes zu tun, sollte er venusische und blaue Farbtöne verwenden, die auch die Bauchspeicheldrüse, seine Verdauung, seine Leber- und Gallenfunktion, die Blase und den Darm unterstützen. Die Farbe Gelb wirkt sich sehr förderlich auf die Gesundheit der Geschlechtsorgane aus, während dunkle schwarze Töne den Zustand seiner Hüfte und der Arterien unterstützen können. Bei Problemen mit den Armen oder dem Unterschenkel sowie mit dem linken Ohr kann ein kräftiges Rot angewandt werden.

Zusammenfassung:

Förderliche Farben:

Orange, Weiß, Rot, Grün, Gelb, Königsblau, Schwarz

Zu vermeidende Farben:

Grau und Braun

Empfohlene schützende Edelsteine

Die folgenden Listen geben Aufschluss darüber, welche Edelsteine für den *Zwillings*-Aszendenten besonders empfohlen werden, um bestimmte Lebensbereiche zu stärken oder speziellen Krankheiten vorzubeugen. Man sieht hier, dass mit der Auswahl eines Edelsteins zugleich mehrere geschwächte Lebensbereiche, Körperbereiche und Dispositionen positiv beeinflusst werden können.

Empfohlene Edelsteine zur Stärkung einzelner Lebensbereiche

Haus	Lebensbereich	Edelstein
1.	Gesundheit	Rubin, rote Koralle, Perle
2.	Familie	Perle
	Reichtum	Perle
3.	Initiativen	Rubin
	jüngere Geschwister	Rubin
4.	Mutter	Smaragd, Perle
	Häuslichkeit	Smaragd, Diamant
	Immobilien	Smaragd, Diamant
	Bildung	Smaragd, gelber Saphir
5.	Intelligenz	Diamant, Smaragd
	Kreativität	Diamant
	Kinder	Diamant, Smaragd, gelber Saphir
	Emotionen	Diamant, Perle
6.	Stärkung mit Edelstein nicht möglich	
7.	Ehe, Partnerschaft	gelber Saphir
	Liebe	gelber Saphir, Diamant
8.	Lebensdauer*	blauer Saphir
9.	Vater	Rubin, blauer Saphir
	Spiritualität	Rubin, blauer Saphir, gelber Saphir
	Fortuna	blauer Saphir, gelber Saphir
10.	Beruf, Taten	Perle
	gutes Karma	gelber Saphir, rote Koralle
11.	Einkommen, Gewinne	rote Koralle
12.	Institutionen	Diamant

* schützt vor Unfällen und starken Schwierigkeiten

Empfohlene Edelsteine zur Stärkung von Körperteilen und zur Anwendung bei den folgenden Gesundheitsproblemen

Rubin	*Körperteile:*	Hände, Schultern, rechtes Ohr, Luftröhre, obere Atemwege
	Gesundheitsprobleme:	Krankheiten des rechten Auges, hohes Fieber, Herzkrankheiten, Magenprobleme, Hautkrankheiten, Knochenbrüche, Erkrankungen des Gehirns und des Kopfes, früher öfters krank
Perle	*Körperteile:*	Nacken, Hals, rechtes Auge, Zähne, Zunge, Speiseröhre
	Gesundheitsprobleme:	Krankheiten der Lunge und des Herzens, Erkrankung des linken Auges, Schläfrigkeit, Asthma, Durchfall, Blutlosigkeit, Blutvergiftungen, Erkrankungen durch Wasser, Erbrechen, Nierenprobleme, Diabetes, Menstruationsbeschwerden, Blinddarmentzündungen
rote Koralle	*Körperteile:*	linkes Ohr, linker Arm, Unterschenkel, Dickdarm, Nieren, Blinddarm, Unterleib
	Gesundheitsprobleme:	Krankheiten durch zu starke Hitze im Körper, Vergiftungen, Schnitte, Wunden, Blutkrankheiten, Juckreiz, Erkrankungen des Magens, Erkrankungen des Knochenmarks, zu hoher oder zu niedriger Blutdruck, Energiemangel, Erkrankungen der weiblichen Fortpflanzungsorgane, Knochenbrüche, Beulen, Tumore, Krebs, Menstruationsbeschwerden, Durchfall
Smaragd	*Körperteile:*	Herz, Lunge, Brust, Brustkorb, Kopf, Gesicht, Gehirn, Knochen des Gesichts
	Gesundheitsprobleme:	Erkrankungen des Brustkorbs, der Nerven, der Nase, Epilepsie, Probleme mit dem Nabel, hohes Fieber, Vergiftungen, Juckreiz, Knochenbrüche, Typhus, Verrücktheit, Erkrankungen der Gallenblase, Lähmungen, Verdauungsstörungen, Hautkrankheiten

gelber Saphir	*Körperteile:*	Fortpflanzungsorgane, Knie, Gelenke, Knochen
	Gesundheitsprobleme:	Leberprobleme, Nierenprobleme, Lungenerkrankungen, Probleme mit den Ohren, Diabetes, Verlust der Erinnerung, Erkrankungen der Zunge, Hüftprobleme, Milzprobleme, Erkrankungen des Oberschenkels
Diamant	*Körperteile:*	Magen, Bauchspeicheldrüse, Verdauungsorgane, Leber, Galle, Darm, Milz, Rückgrat, linkes Auge, lymphatisches System, Knöchel, Füße
	Gesundheitsprobleme:	Augenprobleme, Geschlechtskrankheiten, Erkrankungen des Gesichts, Erkrankungen der Harnwege, Verdauungsstörungen, Schmerzen, Diabetes, Impotenz, Fieber, Erkrankungen der Nerven
blauer Saphir	*Körperteile:*	Oberschenkel, Knochenmark, Arterien, Hoden, After
	Gesundheitsprobleme:	allgemeine Schwäche, Magenschmerzen, Deformierungen, Karies, Hautkrankheiten, Erkrankungen der Beine, Knochenbrüche, Rheuma, Blindheit, Taubheit, mentale Sorgen, Wunden, Probleme mit den Haaren, Lähmungen, Hysterie

Schutz und Heilung durch Mantras und gezielt gelebtes Mitgefühl

Anhand der beiden folgenden Auflistungen kannst du erkennen, wo für deinen Bodyguard der größte Handlungsbedarf besteht, das heißt, welche/n positiven Planeten du vorrangig stärken kannst und welche negativen Planeten du unbedingt transformieren sollest.

Auch funktional positive Planeten bedürfen der Stärkung. Mittels der folgenden Aufstellung kannst du anhand der Auswirkungen schwacher oder angegriffener Planeten erkennen, welche/r deiner Planeten am meisten der Stärkung bedürfen. Diese **funktional positiven Planeten** können mit Hilfe **von allen fünf vedischen Hilfsmitteln gestärkt** werden.

Bestimmung der funktional *positiven* Planeten, die am meisten der Stärkung bedürfen

stärke	in folgenden Situationen
Sonne	Verlust des Mutes und der Vitalität; schwaches Herz; Schwierigkeiten für den jüngeren Bruder; Verlust der Kommunikationsfähigkeit
Mond	Verlust des Reichtums und des guten Rufes; Schwierigkeiten für die Mutter oder die Frau; Verlust des mentalen Friedens; gestörtes Eheleben
Mars	unzureichendes Einkommen; schwache Gesundheit; Schwierigkeiten für die Brüder
Merkur	Schwierigkeiten für die Eltern; Hindernisse in der Ausbildung; Schwierigkeiten beim Erwerb von Immobilien
Jupiter	fehlendes Eheglück; verzögerte Heirat; Probleme durch Kinder; selbstsüchtig; undiszipliniert; Verluste, Diabetes
Venus	Unglück durch Kinder; Verluste durch Spekulationen; Verlust von Ehefrau, Komfort und Intelligenz
Saturn	Schwierigkeiten für den Vater und den Wohlstand; schwache Körperstruktur; Schwierigkeiten im Leben

Und dann geht es um unsere «großen Herausforderer» und damit um die Feststellung des größten Bedarfs an Schutz und Heilung.

Die folgende Auflistung ordnet die funktional negativen Planeten für den *Zwillings*-Aszendenten ihren möglichen Auswirkungen zu. Anhand der Stichworte kannst du herausfinden, welcher Planet in deinem

Horoskop zum gegenwärtigen Zeitpunkt am stärksten der Transformation bedarf. Die **funktional negativen Planeten** können **nur** mit Hilfe **von Mantras, Verehrung und aktiv gelebtem Mitgefühl transformiert** werden.

Bestimmung der funktional *negativen* Planeten, die der Transformation bedürfen

transformiere	bei folgenden Problemen
Rahu	Krebs, nicht diagnostizierte Krankheiten, Depressionen, übertriebener Materialismus, lang anhaltende chronische Krankheiten, lang anhaltende Schwierigkeiten
Ketu	schwerwiegende akute Krankheiten, Fieber, nicht diagnostizierte Krankheiten, kurze intensive Schwierigkeiten

Aszendent *Krebs*

Empfohlene unterstützende Farben

Menschen mit Aszendent Krebs besitzen außer Rahu und Ketu zwei weitere funktional negative Planeten, nämlich Saturn und Jupiter. Saturn bewirkt als Herrscher des 8. Hauses im Leben des Krebs-Aszendenten vor allem ernsthafte chronische Erkrankungen, lebensgefährliche Situationen, Unfälle und große Hindernisse. Jupiter ist als Herrscher des 6. Hauses vor allem für Krankheiten, Schulden und Feindschaften verantwortlich. Die diesen Planeten zugeordneten Farben sollten daher von einem Krebs-Aszendenten vermieden werden. Schwarze Dinge und gelbe Farbtöne sind für ihn ebenso ungünstig wie die Rahu und Ketu zugeordneten Farben und Grautöne. Förderliche Farben sind für ihn dagegen Orange, kräftige Rottöne, Grün, venusische Farben wie Blau oder bunte Farbarrangements und Weiß.

Zur allgemeinen Förderung seiner Gesundheit, Vitalität und Konstitution sollte der Krebs-Aszendent vor allem die Farbe Weiß verwenden, um damit den Mond zu stärken, der sein 1. Haus beherrscht. Das 2. Haus, das für Reichtum, Familienangelegenheiten und auch für Glück steht, wird vor allem durch Farben der Sonne wie Orange gefördert, da der Löwe, das Zeichen der Sonne, Herrscher dieses Hauses ist. Das Haus der Bemühungen, Initiativen und des Mutes wird beim Krebs-Aszendenten von Merkur beherrscht, dessen Farbe Grün ist. Daher fördern grüne Kleidungsstücke, grüne Tapeten und auch grüne Pflanzen im Umfeld des Krebs-Aszendenten den Erfolg seiner Initiativen und seinen Mut.

Sein 4. Haus, das die Beziehung zur Mutter, die häuslichen Angelegenheiten, Fahrzeuge und Landbesitz repräsentiert, wird von Venus beherrscht, die am besten durch vielfarbige bunte Farbarrangements und Königsblau gestärkt wird.

Das 5. Haus und damit die kreative Intelligenz, Bildung, Konzentrationsfähigkeit, Redegewandtheit, emotionale Stabilität und auch die Kinder beziehungsweise die Beziehung zu Kindern stärkt der Krebs-Aszendent am besten durch die Verwendung kräftiger roter Farben.

Für seinen spirituellen Weg erhält der Krebs-Aszendent vor allem durch die Farben von Sonne und Venus Unterstützung. Das Gleiche gilt für das Wohlergehen des Vaters und die Beziehung zu ihm sowie für das Auffinden des eigenen Dharma beziehungsweise der Bestimmung in dieser Welt.

Das Berufshaus (10. Haus) wird beim Krebs-Aszendenten vom Planeten Mars beherrscht, da es im Zeichen Widder steht. Durch kräftige rote Farbtöne können Erfolg und Zufriedenheit im Berufsleben unterstützt werden. Die Farben von Venus fördern für den Krebs-Aszendenten auch das Einkommen, den Reichtum und die Erfüllung von Wünschen im Allgemeinen.

Leidet ein Krebs-Aszendenten unter Kopfschmerzen und anderen Beschwerden im Kopfbereich, so sollte er unbedingt den Herrscher seines Aszendenten durch die Verwendung heller weißer Farben stärken. Seinen Hals, die Speiseröhre, sein rechtes Auge und seine Zähne unterstützt er insbesondere durch die Verwendung von Sonnenfarben wie Orange oder Kupfer. Leidet der Krebs-Aszendent unter Problemen mit den Händen, den Schultern, dem rechten Ohr und der Luftröhre, so sollte er verstärkt die Farbe Grün verwenden. Sein Herz und seine Lunge kann er mit Hilfe vielfarbiger Arrangements stärken.

Leidet der Krebs-Aszendent unter Magenproblemen, Störungen der Bauchspeicheldrüse, der Leber, der Gallenblase oder ganz allgemein unter Verdauungsstörungen, sind ebenfalls kräftige rote Farben ratsam. Seine Knie, Knochen und auch Gelenke im Allgemeinen kann der Krebs-Aszendent ebenfalls mit Hilfe kräftiger roter Farben stärken, während die Farbe Grün einen positiven Einfluss auf das lymphatische System, die Füße und das linke Auge besitzt.

Auf Grund der Natur des Planeten Saturn, der das schwierigste aller Häuser, nämlich das 8. Haus beherrscht, sollte er schwarze Kleidungsstücke, schwarze Wände und alle dunklen Gegenstände möglichst meiden.

Zusammenfassung:

Förderliche Farben:
Orange, Weiß, Rot, Grün, Königsblau

Zu vermeidende Farben:
Schwarz, Gelb, Grau und Braun

Empfohlene schützende Edelsteine

Die folgenden Listen geben Aufschluss darüber, welche Edelsteine für den *Krebs*-Aszendenten besonders empfohlen werden, um bestimmte Lebensbereiche zu stärken oder speziellen Krankheiten vorzubeugen. Man sieht hier, dass mit der Auswahl eines Edelsteins zugleich mehrere geschwächte Lebensbereiche, Körperbereiche und Dispositionen positiv beeinflusst werden können.

Empfohlene Edelsteine zur Stärkung einzelner Lebensbereiche

Haus	Lebensbereich	Edelstein
1.	Gesundheit	Perle, Rubin
2.	Familie Reichtum	Rubin Rubin
3.	Initiativen jüngere Geschwister	Smaragd Smaragd
4.	Mutter Häuslichkeit Immobilien Bildung	Diamant, Perle Diamant, Perle Diamant Diamant, Smaragd
5.	Intelligenz Kreativität Kinder Emotionen	rote Koralle, Smaragd rote Koralle, Smaragd rote Koralle, Smaragd rote Koralle, Perle
6.	Stärkung mit Edelstein nicht möglich	
7.	Ehe, Partnerschaft Liebe	Rubin, Diamant Diamant, Rubin
8.	Lebensdauer*	Rubin, Perle
9.	Vater Spiritualität Fortuna	Rubin Rubin Perle, Rubin
10.	Beruf, Taten gutes Karma	rote Koralle rote Koralle
11.	Einkommen, Gewinne	Rubin, Diamant
12.	Institutionen	Smaragd

* schützt vor Unfällen und starken Schwierigkeiten

Empfohlene Edelsteine zur Stärkung von Körperteilen und zur Anwendung bei den folgenden Gesundheitsproblemen

Rubin	*Körperteile:*	Nacken, Hals, rechtes Auge, Zähne , Zunge, Speiseröhre
	Gesundheitsprobleme:	Krankheiten des rechten Auges, hohes Fieber, Herzkrankheiten, Magenprobleme, Hautkrankheiten, Knochenbrüche, Erkrankungen des Gehirns und des Kopfes, häufig Krankheiten in der Vergangenheit
Perle	*Körperteile:*	Kopf, Gesicht, Gehirn
	Gesundheitsprobleme:	Krankheiten der Lunge und des Herzens, Erkrankung des linken Auges, Schläfrigkeit, Asthma, Durchfall, Blutlosigkeit, Blutvergiftungen, Erkrankungen durch Wasser, Erbrechen, Nierenprobleme, Diabetes, Menstruationsbeschwerden, Blinddarmentzündungen
rote Koralle	*Körperteile:*	Knie, Gelenke, Knochen, Dickdarm, Nieren, Blinddarm
	Gesundheitsprobleme:	Krankheiten durch zu starke Hitze im Körper, Vergiftungen, Schnitte, Wunden, Blutkrankheiten, Juckreiz, Erkrankungen des Magens, Erkrankungen des Knochenmarks, zu hoher oder zu niedriger Blutdruck, Energiemangel, Erkrankungen der weiblichen Organe, Knochenbrüche, Beulen, Tumore, Krebs, Menstruationsbeschwerden, Durchfall
Smaragd	*Körperteile:*	Hände, Schultern, rechtes Ohr, Luftröhre, obere Atemwege, linkes Auge, lymphatisches System, Knöchel, Füße
	Gesundheitsprobleme:	Erkrankungen des Brustkorbs, der Nerven, der Nase, Epilepsie, Probleme mit dem Nabel, hohes Fieber, Vergiftungen, Juckreiz, Knochenbrüche, Typhus, Verrücktheit, Erkrankungen der Gallenblase, Lähmungen, Verdauungsstörungen, Hautkrankheiten
Diamant	*Körperteile:*	Herz, Brustkorb, Brust, Lunge, linkes Ohr, linker Arm, Unterschenkel
	Gesundheitsprobleme:	Augenprobleme, Geschlechtskrankheiten, Erkrankungen des Gesichts, Erkrankungen der Harnwege, Verdauungsstörungen, Halsschmerzen, Diabetes, Impotenz, Fieber, Erkrankungen der Nervengeflechte

Schutz und Heilung durch Mantras und gezielt gelebtes Mitgefühl

Anhand der beiden folgenden Auflistungen kannst du erkennen, wo für deinen Bodyguard der größte Handlungsbedarf besteht, das heißt, welche/n positiven Planeten du vorrangig stärken kannst und welche negativen Planeten du unbedingt transformieren solltest.

Auch funktional positive Planeten bedürfen der Stärkung. Mittels der folgenden Aufstellung kannst du anhand der Auswirkungen schwacher oder angegriffener Planeten erkennen, welche/r deiner Planeten am meisten der Stärkung bedürfen. Diese **funktional positiven Planeten** können mit Hilfe **von allen fünf vedischen Hilfsmitteln gestärkt** werden.

Bestimmung der funktional *positiven* Planeten, die am meisten der Stärkung bedürfen

stärke	in folgenden Situationen
Sonne	Verlust des Status, Reichtums und des guten Rufes; Schwierigkeiten für die Frau; Verlust des mentalen Friedens; gestörtes Eheleben; schwache Gesundheit und Verlust der Vitalität
Mond	schwache Gesundheit und mittlere Lebensdauer; schwache körperliche Konstitution; emotionale Störungen; Armut
Mars	Rückschläge im Beruf; aufbrausend; Verlust der Durchsetzungskraft; schwache Gesundheit
Merkur	Verlust des Mutes und der Vitalität; Schwierigkeiten für die jüngeren Brüder; Verlust der Kommunikationsfähigkeiten; Schwierigkeiten mit anderen und Nervosität
Venus	Schwierigkeiten für die Eltern; Hindernisse in der Ausbildung; Schwierigkeiten und Verzögerungen beim Erwerb von Immobilien und Vermögen; problematisches Eheleben; nervöser Stress; Verlust des Komforts, Vermögens und häuslichen Friedens

Und dann geht es um unsere «großen Herausforderer» und damit um die Feststellung des größten Bedarfs an Schutz und Heilung.

Die folgende Auflistung ordnet die funktional negativen Planeten für den *Krebs*-Aszendenten ihren möglichen Auswirkungen zu. Anhand der Stichworte kannst du herausfinden, welcher Planet in deinem Horoskop zum gegenwärtigen Zeitpunkt am stärksten der Transformation bedarf.

Die **funktional negativen Planeten** können **nur** mit Hilfe **von Mantras, Verehrung und aktiv gelebtem Mitgefühl transformiert** werden.

Bestimmung der funktional *negativen* Planeten, die der Transformation bedürfen

transformiere	bei folgenden Problemen
Rahu	Krebs, nicht diagnostizierte Krankheiten, Depressionen, übertriebener Materialismus, lang anhaltende chronische Krankheiten, lang anhaltende Schwierigkeiten
Ketu	schwerwiegende akute Krankheiten, Fieber, nicht diagnostizierte Krankheiten, kurze intensive Schwierigkeiten
Jupiter	akute Krankheiten, Feindschaften, Schulden, Leberprobleme, Diabetes, Hüftprobleme, Probleme mit Priestern, Lehrern, spirituellen Meistern. Krankheiten; schwache Finanzkraft; Verluste durch Streit, Feuer und Diebstahl; Schwierigkeiten für die Kinder und Verlust des Respekts
Saturn	chronische Krankheiten, übertrieben große Hindernisse im Leben, lebensbedrohliche Krankheiten, Unfälle, Rückschläge, Rheumatismus, Erkrankungen der Gelenke und Knochen, Arthrose, Muskelschmerzen, Taubheit, Blindheit, Knochenbrüche, Verfall der Zähne, Schwäche. Mittlere Lebensdauer; Verlust der Erbschaft; Verlust durch Spekulationen und Glücksspiel; Unfälle

Aszendent *Löwe*

Empfohlene unterstützende Farben

Der Aszendent Löwe besitzt eine starke Natur, da er neben den beiden obligatorischen «Übeltätern» Rahu und Ketu nur einen weiteren problematischen Planeten, nämlich den Mond besitzt. Daher ist die Farbe Weiß für den Löwe-Aszendenten nicht förderlich. Er sollte deshalb auf weiße Tapeten möglichst verzichten. Um seine Gesundheit, die allgemeine Konstitution und Vitalität zu stärken, verwendet er am besten Farben der Sonne. Auch grüne Farben sind für ihn förderlich, da Merkur sowohl das Einkommen als auch den sich ansammelnden Reichtum repräsentiert. Venusische Farben wirken sich sehr förderlich auf seine Initiativen, Bemühungen und auch auf den beruflichen Lebensbereich aus, während die kräftigen Rottöne von Mars vor allem seine spirituellen Bemühungen, die Beziehung zu seinem Vater und das Auffinden seiner inneren Bestimmung in dieser Welt unterstützen. Auch das Wohlergehen seiner Mutter, seine Beziehung zu ihr und der Erwerb von Häusern, Besitz und Ländereien werden durch die Farben von Mars unterstützt. Die dem Planeten Jupiter zugeordnete gelbe Farbe fördert für den Löwe-Aszendenten vor allem den Bereich kreativer Intelligenz, seine emotionale Stabilität, seine Kinder beziehungsweise seine Beziehung zu Kindern und seine Ausbildung und sein Studium. Auch seine Konzentrationsfähigkeit und seine Widerstandsfähigkeit gegen chronische Krankheiten werden durch diese Farbe gestärkt. Tiefe Blautöne und Schwarz unterstützen vor allem Liebe und Partnerschaft im Leben des Löwe-Aszendenten, doch auch seine Gesundheit wird dadurch gefördert.

Im Falle von Kopfschmerzen können dem Löwe-Aszendenten Farben der Sonne wie Orange Erleichterung verschaffen, während grüne Töne bei Halsschmerzen, Nackenschmerzen, Zahnproblemen und Schwierigkeiten mit der Speiseröhre hilfreich sind. Das Gleiche gilt für die Förderung finanzieller Belange, da sich die Farbe Grün für den Löwe-Aszendenten auch förderlich auf die Ansammlung von Vermögen und den beruflichen Lebensbereich auswirkt.

Zusammenfassung:

Förderliche Farben: Orange, Rot, Grün, Gelb, Königsblau, Schwarz

Zu vermeidende Farben: Weiß, Grau und Braun

Empfohlene schützende Edelsteine

Die folgenden Listen geben Aufschluss darüber, welche Edelsteine für den *Löwe*-Aszendenten besonders empfohlen werden, um bestimmte Lebensbereiche zu stärken oder speziellen Krankheiten vorzubeugen. Man sieht hier, dass mit der Auswahl eines Edelsteins zugleich mehrere geschwächte Lebensbereiche, Körperbereiche und Dispositionen positiv beeinflusst werden können.

Empfohlene Edelsteine zur Stärkung einzelner Lebensbereiche

Haus	Lebensbereich	Edelstein
1.	Gesundheit	Rubin
2.	Familie	Smaragd
	Reichtum	Smaragd
3.	Initiativen	Diamant
	jüngere Geschwister	Diamant
4.	Mutter	rote Koralle
	Häuslichkeit	Diamant
	Immobilien	Diamant, rote Koralle
	Bildung	gelber Saphir, Smaragd
5.	Intelligenz	gelber Saphir, Smaragd
	Kreativität	gelber Saphir, Smaragd
	Kinder	Smaragd, gelber Saphir
	Emotionen	gelber Saphir
6.	Stärkung mit Edelstein nicht möglich	
7.	Ehe, Partnerschaft	blauer Saphir
	Liebe	blauer Saphir, Diamant
8.	Lebensdauer*	gelber Saphir, blauer Saphir
9.	Vater	Rubin, rote Koralle
	Spiritualität	Rubin, rote Koralle, gelber Saphir
	Fortuna	Rubin, rote Koralle, gelber Saphir
10.	Beruf, Taten	Diamant, rote Koralle
	gutes Karma	Diamant, gelber Saphir
11.	Einkommen, Gewinne	Smaragd
12.	Institutionen	blauer Saphir

* schützt vor Unfällen und starken Schierigkeiten

Empfohlene Edelsteine zur Stärkung von Körperteilen und zur Anwendung bei den folgenden Gesundheitsproblemen

Rubin	*Körperteile:*	Kopf, Gesicht, Gehirn, Knochen des Gesichts
	Gesundheitsprobleme:	Krankheiten des rechten Auges, hohes Fieber, Herzkrankheiten, Magenprobleme, Hautkrankheiten, Knochenbrüche, Erkrankungen des Gehirns und des Kopfes, häufig Krankheiten in der Vergangenheit
rote Koralle	*Körperteile:*	Hüfte, Oberschenkel, Knochenmark, Arterien, Herz, Lunge, Brustkorb, Brust
	Gesundheitsprobleme:	Krankheiten durch zu starke Hitze im Körper, Vergiftungen, Schnitte, Wunden, Blutkrankheiten, Juckreiz, Erkrankungen des Magens, Erkrankungen des Knochenmarks, zu hoher oder zu niedriger Blutdruck, Energiemangel, Erkrankungen der weiblichen Organe, Knochenbrüche, Beulen, Tumore, Krebs, Menstruationsbeschwerden, Durchfall
Smaragd	*Körperteile:*	Nacken, Hals, rechtes Auge, Zähne, Zunge, Speiseröhre, linkes Ohr, linker Arm, Unterschenkel
	Gesundheitsprobleme:	Erkrankungen des Brustkorbs, der Nerven, der Nase, Epilepsie, Probleme mit dem Nabel, hohes Fieber, Vergiftungen, Juckreiz, Knochenbrüche, Typhus, Verrücktheit, Erkrankungen der Gallenblase, Lähmungen, Verdauungsstörungen, Hautkrankheiten
gelber Saphir	*Körperteile:*	Magen, Bauchspeicheldrüse, Verdauungsorgane, Leber, Galle, Darm, Milz, Rückgrat, After, Hoden
	Gesundheitsprobleme:	Leberprobleme, Nierenprobleme, Lungenerkrankungen, Probleme mit den Ohren, Diabetes, Verlust der Erinnerung, Erkrankungen der Zunge, Hüftprobleme, Milzprobleme, Erkrankungen des Oberschenkels

Diamant	*Körperteile:*	Hände, Schultern, rechtes Ohr, Luftröhre, obere Atemwege, Knie, Gelenke, Knochen
	Gesundheitsprobleme:	Augenprobleme, Geschlechtskrankheiten, Erkrankungen des Gesichts, Erkrankungen der Harnwege, Verdauungsstörungen, Halsschmerzen, Diabetes, Impotenz, Fieber, Erkrankungen der Nervengeflechte
blauer Saphir	*Körperteile:*	Dickdarm, Nieren, Blinddarm, Becken, Fortpflanzungsorgane
	Gesundheitsprobleme:	allgemeine Schwäche, Magenschmerzen, Deformierung von Körperteilen, Karies, Hautkrankheiten, Erkrankungen der Beine, Knochenbrüche, Knochenkrankheiten, Rheuma, Blindheit, Taubheit, mentale Sorgen, Wunden, Probleme mit den Haaren, Lähmungen, Hysterie

Schutz und Heilung durch Mantras und gezielt gelebtes Mitgefühl

Anhand der beiden folgenden Auflistungen kannst du erkennen, wo für deinen Bodyguard der größte Handlungsbedarf besteht, das heißt, welche/n positiven Planeten du vorrangig stärken kannst und welche negativen Planeten du unbedingt transformieren solltest.

Auch funktional positive Planeten bedürfen der Stärkung. Mittels der folgenden Aufstellung kannst du anhand der Auswirkungen schwacher oder angegriffener Planeten erkennen, welche/r deiner Planeten am meisten der Stärkung bedürfen. Diese **funktional positiven Planeten** können mit Hilfe **von allen fünf vedischen Hilfsmitteln gestärkt** werden.

Bestimmung der funktional *positiven* Planeten, die am meisten der Stärkung bedürfen

stärke	in folgenden Situationen
Sonne	schwache Gesundheit; mittlere Lebensdauer; Verlust der Vitalität; Herzprobleme; Verlust des Status
Mars	Hindernisse für den Vater und das Erlangen von Wohlstand
Merkur	Verlust des Status, Reichtums, guten Rufes und Schwierigkeiten für die Frau; Verlust des mentalen Friedens; gestörtes Eheleben
Jupiter	Unglück durch Kinder; Nervosität und Verluste durch Spekulationen; Leberprobleme und Diabetes
Venus	erfolglose Unternehmungen; kein Glück durch die Frau und jüngere Geschwister
Saturn	Verlust des Ehepartners; Betrug durch Ratgeber und Partner; unangenehmer Aufenthalt in der Fremde

Und dann geht es um unsere «großen Herausforderer» und damit um die Feststellung des größten Bedarfs an Schutz und Heilung.

Die folgende Auflistung ordnet die funktional negativen Planeten für den *Löwe*-Aszendenten ihren möglichen Auswirkungen zu. Anhand der Stichworte kannst du herausfinden, welcher Planet in deinem Horoskop zum gegenwärtigen Zeitpunkt am stärksten der Transformation bedarf. Die **funktional negativen Planeten** können **nur** mit Hilfe **von Mantras, Verehrung und aktiv gelebtem Mitgefühl transformiert** werden.

Bestimmung der funktional *negativen* Planeten, die der Transformation bedürfen

transformiere	bei folgenden Problemen
Rahu	Krebs, nicht diagnostizierte Krankheiten, Depressionen, übertriebener Materialismus, lang anhaltende chronische Krankheiten, lang anhaltende Schwierigkeiten
Ketu	schwerwiegende akute Krankheiten, Fieber, nicht diagnostizierte Krankheiten, kurze intensive Schwierigkeiten
Mond	Verluste in allen Lebensbereichen, Krankheiten des Herzens und der Lunge, Schläfrigkeit, Krankheiten, die mit Wasser zu tun haben, Schwierigkeiten mit der Mutter oder mit der höheren weiblichen Energie. Schwierigkeiten im Eheleben; mittlere Lebensdauer

Aszendent *Jungfrau*

Empfohlene unterstützende Farben

Menschen mit dem Aszendenten Jungfrau besitzen neben den beiden Schattenplaneten Rahu und Ketu drei weitere funktional negative Planeten, nämlich Mars, Saturn und Sonne. Dadurch hat der Jungfrau-Aszendent eine schwächere Konstitution und kann ganz generell im Leben mit häufigeren Schwierigkeiten rechnen als Zwillinge oder ein Aszendent Löwe. Diese Aussage ist jedoch sehr allgemein und wird im individuellen Fall durch die spezifische Planetenstellung modifiziert. Im Einzelfall kann natürlich jemand mit Aszendent Jungfrau ein glücklicheres Leben führen als jemand mit Aszendent Zwillinge, weil seine Planeten besser gestellt sind.

Das Zeichen Jungfrau wird vom Planeten Merkur beherrscht, dessen Farbe Grün daher die Gesundheit, Konstitution, Persönlichkeit und Vitalität dieses Aszendenten unterstützt. Die grüne Farbe von Merkur wirkt sich jedoch auch förderlich auf dessen berufliche Belange aus. Die Farben von Venus unterstützen ebenfalls sein berufliches Vorankommen und stärken seinen materiellen Wohlstand, seine Familienangelegenheiten und seine Ehe. Das Einkommen des Jungfrau-Aszendenten lässt sich mit Hilfe weißer Farbtöne fördern. Auch die Erfüllung von Wünschen und die Bereicherung im Leben durch Freunde wird durch Weiß unterstützt.

Gelb oder Gold hilft dem Jungfrau-Aszendenten, die Beziehung zu seiner Mutter zu verbessern, fördert das Wohlergehen der Mutter und wirkt sich positiv in den Bereichen Immobilien, Landbesitz, Autos und auf alle anderen häuslichen Belange aus. Das Gleiche gilt beim Jungfrau-Aszendenten für den Vater, dessen Wohlergehen ebenfalls durch die Farben von Jupiter unterstützt wird. Auch die spirituelle Entwicklung und das Auffinden der eigenen inneren Bestimmung im Leben erfahren durch gelbe, orange und goldene Farbtöne Förderung.

Um sich vor Kopfschmerzen und anderen Problemen im Bereich des Kopfes und Gehirns zu schützen, sollte der Jungfrau-Aszendent vor allem die Farbe Grün verwenden. Venus-Farben helfen bei Halsschmerzen, Störungen im Bereich des Nackens, der Zähne, des rechten Auges und der Speiseröhre. Auch die Hüften, Oberschenkel und Arterien erfahren durch diese Farben Unterstützung.

Die Farbe Gelb hilft dem Jungfrau-Aszendenten bei Herz- und Kreislaufproblemen und unterstützt seine Lungenfunktion. Sie ist auch hilfreich bei Problemen mit den Geschlechtsorganen. Weiß und Silber unterstützen beim Jungfrau-Aszendenten vor allem das linke Ohr, den linken Arm und die Unterschenkel. Schwarze Kleidungsstücke sollten auf jeden Fall vermieden werden.

Zusammenfassung:

Förderliche Farben:
Weiß, Grün, Gelb, Königsblau

Zu vermeidende Farben:
Schwarz, Rot, Orange, Grau und Braun

Empfohlene schützende Edelsteine

Die folgenden Listen geben Aufschluss darüber, welche Edelsteine für den *Jungfrau*-Aszendenten besonders empfohlen werden, um bestimmte Lebensbereiche zu stärken oder speziellen Krankheiten vorzubeugen. Man sieht hier, dass mit der Auswahl eines Edelsteins zugleich mehrere geschwächte Lebensbereiche, Körperbereiche und Dispositionen positiv beeinflusst werden können.

Empfohlene Edelsteine zur Stärkung einzelner Lebensbereiche

Haus	Lebensbereich	Edelstein
1.	Gesundheit	Smaragd
2.	Familie	Diamant
	Reichtum	Diamant
3.	Initiativen	Smaragd
	jüngere Geschwister	Perle
4.	Mutter	gelber Saphir, Perle
	Häuslichkeit	gelber Saphir, Diamant
	Immobilien	gelber Saphir, Diamant
	Bildung	gelber Saphir, Smaragd
5.	Intelligenz	gelber Saphir, Smaragd
	Kreativität	Perle
	Kinder	Smaragd, gelber Saphir
	Emotionen	Perle
6.	Stärkung mit Edelstein nicht möglich	
7.	Ehe, Partnerschaft	gelber Saphir, Diamant
	Liebe	gelber Saphir, Diamant
8.	Lebensdauer*	Smaragd
9.	Vater	gelber Saphir
	Spiritualität	gelber Saphir
	Fortuna	gelber Saphir
10.	Beruf, Taten	Smaragd, Perle, Diamant
	gutes Karma	gelber Saphir, Smaragd
11.	Einkommen, Gewinne	Perle, Diamant
12.	Stärkung mit Edelstein nicht möglich	

* schützt vor Unfällen und starken Schwierigkeiten

Empfohlene Edelsteine zur Stärkung von Körperteilen und zur Anwendung bei den folgenden Gesundheitsproblemen

Perle	*Körperteile:*	linkes Ohr, linker Arm, Unterschenkel
	Gesundheitsprobleme:	Krankheiten der Lunge und des Herzens, Erkrankung des linken Auges, Schläfrigkeit, Asthma, Durchfall, Blutlosigkeit, Blutvergiftungen, Erkrankungen durch Wasser, Erbrechen, Nierenprobleme, Diabetes, Menstruationsbeschwerden, Blinddarmentzündungen
Smaragd	*Körperteile:*	Kopf, Gesicht, Gehirn, Knie, Gelenke, Knochen
	Gesundheitsprobleme:	Erkrankungen des Brustkorbs, der Nerven, der Nase, Epilepsie, Probleme mit dem Nabel, hohes Fieber, Vergiftungen, Juckreiz, Knochenbrüche, Typhus, Verrücktheit, Erkrankungen der Gallenblase, Lähmungen, Verdauungsstörungen, Hautkrankheiten
gelber Saphir	*Körperteile:*	Herz, Lunge, Brustkorb, Becken, Fortpflanzungsorgane
	Gesundheitsprobleme:	Leberprobleme, Nierenprobleme, Lungenerkrankungen, Probleme mit den Ohren, Diabetes, Verlust der Erinnerung, Erkrankungen der Zunge, Hüftprobleme, Milzprobleme, Erkrankungen des Oberschenkels
Diamant	*Körperteile:*	Nacken, Hals, rechtes Auge, Zähne, Zunge, Speiseröhre, Hüfte, Oberschenkel, Knochenmark, Arterien
	Gesundheitsprobleme:	Augenprobleme, Geschlechtskrankheiten, Erkrankungen des Gesichts, Erkrankungen der Harnwege, Verdauungsstörungen, Halsschmerzen, Diabetes, Impotenz, Fieber, Erkrankungen der Nervengeflechte

Schutz und Heilung durch Mantras und gezielt gelebtes Mitgefühl

Anhand der beiden folgenden Auflistungen kannst du erkennen, wo für deinen Bodyguard der größte Handlungsbedarf besteht, das heißt, welche/n positiven Planeten du vorrangig stärken kannst und welche negativen Planeten du unbedingt transformieren solltest.

Auch funktional positive Planeten bedürfen der Stärkung. Mittels der folgenden Aufstellung kannst du anhand der Auswirkungen schwacher oder angegriffener Planeten erkennen, welche/r deiner Planeten am meisten der Stärkung bedürfen. Diese **funktional positiven Planeten** können mit Hilfe **von allen fünf vedischen Hilfsmitteln gestärkt** werden.

Bestimmung der funktional *positiven* Planeten, die am meisten der Stärkung bedürfen

stärke	in folgenden Situationen
Mond	geringes Einkommen; unerfüllte Wünsche; Verlust des Vermögens und mentalen Friedens
Merkur	schwache Gesundheit; Nervenzusammenbruch; gewöhnliche soziale Stellung; keine analytischen Fähigkeiten; Hautkrankheiten; Verdauungsprobleme
Jupiter	Verlust des Vermögens, häuslichen Friedens und der Ausbildung; Schwierigkeiten für die Söhne; selbstsüchtig; Diabetes
Venus	unharmonische Ehebeziehung; Schwierigkeiten bei der Ansammlung von Reichtum; Nierenprobleme; schwache Augen

Und dann geht es um unsere «großen Herausforderer» und damit um die Feststellung des größten Bedarfs an Schutz und Heilung.

Die folgende Auflistung ordnet die funktional negativen Planeten für den *Jungfrau*-Aszendenten ihren möglichen Auswirkungen zu. Anhand der Stichworte kannst du herausfinden, welcher Planet in deinem Horoskop zum gegenwärtigen Zeitpunkt am stärksten der Transformation bedarf. Die **funktional negativen Planeten** können **nur** mit Hilfe **von Mantras, Verehrung und aktiv gelebtem Mitgefühl transformiert** werden.

Bestimmung der funktional *negativen* Planeten, die der Transformation bedürfen

transformiere	bei folgenden Problemen
Rahu	Krebs, nicht diagnostizierte Krankheiten, Depressionen, übertriebener Materialismus, lang anhaltende chronische Krankheiten, lang anhaltende Schwierigkeiten
Ketu	schwerwiegende akute Krankheiten, Fieber, nicht diagnostizierte Krankheiten, kurze intensive Schwierigkeiten
Saturn	akute Krankheiten, Feindschaften, Schulden, Rheumatismus, Erkrankungen der Gelenke und Knochen, Arthrose, Muskelschmerzen, Taubheit, Blindheit, Knochenbrüche, Verfall der Zähne, Schwäche, degenerative Prozesse, Abscheu vor dem Alter. Schwache Gesundheit; Gelenkschmerzen; frühes Altern; verzögerter Erfolg
Mars	chronische Krankheiten, übertrieben große Hindernisse im Leben, lebensbedrohliche Krankheiten, Unfälle, Rückschläge, Aggressivität, Krankheiten durch zu viel Hitze und Feuer im Körper, Unfälle, Vergiftungen, Wunden, zu hoher Blutdruck, Blutvergiftungen, Entzündungen, Knochenbrüche, Krebs, Tumore. Mittlere Lebensdauer; Verlust der Erbschaft; Zorn; Unglück durch jüngere Brüder
Sonne	Verluste in allen Lebensbereichen, Probleme mit dem Vater, Probleme mit dem Kopf, Probleme mit dem Herzen, Probleme, die aus vorangehenden Krankheiten resultieren. Herzprobleme; mittlere Lebensdauer; Ausgaben für die Gesundheit; problematische Reisen und Aufenthalte in der Ferne

Aszendent *Waage*

Empfohlene unterstützende Farben

Der Aszendent Waage hat wiederum eine stärkere Konstitution und wird im Leben im Allgemeinen von weniger Schwierigkeiten betroffen, da er neben den beiden Schattenplaneten Rahu und Ketu nur einen weiteren «Übeltäter» besitzt, nämlich Merkur, der als Herrscher des 12. Hauses vorwiegend für Verluste in allen Lebensbereichen verantwortlich sein kann. Daher sollte der Waage-Aszendent insbesondere grüne Farben vermeiden.

Besonders wichtig sind für den Waage-Aszendenten die Farben von Venus, wie ein Königsblau, um die allgemeine Konstitution, Persönlichkeit und Vitalität zu stärken. Mit kräftigen Rottönen unterstützt der Waage-Aszendent vor allem die Lebensbereiche Partnerschaft und Liebe, doch auch das Einkommen und der Reichtum erfahren hierdurch Förderung. Berufliche Belange werden vor allem durch weiße Farbtöne unterstützt. Gelb und Gold fördern die Initiativen, den Unternehmungsgeist und den Mut dieses Aszendenten, wobei auch die Beziehungen zu den Geschwistern und das Wohlergehen der jüngeren Geschwister unterstützt werden. Belange, welche die Mutter betreffen, werden durch die Farbe Weiß gefördert, während das Wohlergehen des Vaters und die Beziehung zu ihm durch Orange und andere Sonnenfarben Unterstützung erfährt. Schwarz fördert die kreative Intelligenz des Waage-Aszendenten, sein analytisches Denkvermögen, seine emotionale Stabilität und alle Dinge, die mit Kindern in Zusammenhang stehen. Der Lebensbereich, der sich um die häuslichen Belange, Immobilien und Fahrzeuge dreht, wird am besten durch venusische Farben gefördert.

Kopfschmerzen und andere Probleme im Bereich des Kopfes und Gehirns erfahren durch Königsblau oder Himmelblau Linderung. Kräftige rote Farbtöne helfen bei Problemen im Bereich des Nackens, des Halses, der Zähne, der Speiseröhre und insbesondere auch im Bereich der Fortpflanzung und Geschlechtsorgane. Gelb und Gold helfen bei Erkrankungen der Luftröhre, des rechten Ohres, der Hände und der Schultern und sind generell zur Vorbeugung von Krankheiten empfohlen. Schwarze Dinge unterstützen neben Magen, Bauchspeicheldrüse, Leber und Galle auch die Blase, die Nierenfunktion und ganz allgemein die Verdauung. Auch die Milz erfährt durch schwarze Dinge Unterstützung. Weiß stärkt die Gelenke, die Knochen und insbesondere die Knie, während Sonnenfarben wie Orange sich vor allem förderlich auf den linken Arm, das linke Ohr und die Unterschenkel auswirken.

Zusammenfassung:

Förderliche Farben:
Orange, Weiß, Rot, Gelb, Königsblau, Schwarz

Zu vermeidende Farben:
Grün, Grau und Braun

Empfohlene schützende Edelsteine

Die folgenden Listen geben Aufschluss darüber, welche Edelsteine für den *Waage*-Aszendenten besonders empfohlen werden, um bestimmte Lebensbereiche zu stärken oder speziellen Krankheiten vorzubeugen. Man sieht hier, dass mit der Auswahl eines Edelsteins zugleich mehrere geschwächte Lebensbereiche, Körperbereiche und Dispositionen positiv beeinflusst werden können.

Empfohlene Edelsteine zur Stärkung einzelner Lebensbereiche

Haus	Lebensbereich	Edelstein
1.	Gesundheit	Diamant, Rubin
2.	Familie	rote Koralle, Diamant
	Reichtum	rote Koralle, Diamant
3.	Initiativen	gelber Saphir
	jüngere Geschwister	gelber Saphir
4.	Mutter	Perle
	Häuslichkeit	Diamant
	Immobilien	Diamant, blauer Saphir
	Bildung	gelber Saphir, blauer Saphir
5.	Intelligenz	blauer Saphir, gelber Saphir
	Kreativität	blauer Saphir
	Kinder	blauer Saphir, gelber Saphir
	Emotionen	blauer Saphir, Perle
6.	Stärkung mit Edelstein nicht möglich	
7.	Ehe, Partnerschaft	rote Koralle, Diamant
	Liebe	rote Koralle, Diamant
8.	Lebensdauer*	Diamant, blauer Saphir
9.	Vater	Rubin
	Spiritualität	gelber Saphir, Rubin
	Fortuna	gelber Saphir, Rubin
10.	Beruf, Taten	Perle, Rubin
	gutes Karma	gelber Saphir, Perle
11.	Einkommen, Gewinne	Rubin
12.	Stärkung mit Edelstein nicht möglich	

* schützt vor Unfällen und starken Schierigkeiten

Empfohlene Edelsteine zur Stärkung von Körperteilen und zur Anwendung bei den folgenden Gesundheitsproblemen

Rubin	*Körperteile:*	linkes Ohr, linker Arm, Unterschenkel
	Gesundheitsprobleme:	Krankheiten des rechten Auges, hohes Fieber, Herzkrankheiten, Magenprobleme, Hautkrankheiten, Knochenbrüche, Erkrankungen des Gehirns und des Kopfes, Folgen von Krankheiten der Vergangenheit
Perle	*Körperteile:*	Sehnen, Gelenke, Knochen
	Gesundheitsprobleme:	Krankheiten der Lunge und des Herzens, Erkrankung des linken Auges, Schläfrigkeit, Asthma, Durchfall, Blutlosigkeit, Blutvergiftungen, Erkrankungen durch Wasser, Erbrechen, Nierenprobleme, Diabetes, Menstruationsbeschwerden, Blinddarmentzündungen
rote Koralle	*Körperteile:*	Becken, Fortpflanzungsorgane, Nacken, Hals, rechtes Auge, Zähne, Zunge, Speiseröhre
	Gesundheitsprobleme:	Krankheiten durch zu starke Hitze im Körper, Vergiftungen, Schnitte, Wunden, Blutkrankheiten, Juckreiz, Erkrankungen des Magens, Erkrankungen des Knochenmarks, zu hoher oder zu niedriger Blutdruck, Energiemangel, Erkrankungen der weiblichen Organe, Knochenbrüche, Beulen, Tumore, Krebs, Menstruationsbeschwerden, Durchfall
gelber Saphir	*Körperteile:*	Hände, Schultern, rechtes Ohr, Luftröhre, obere Atemwege, Dickdarm, Nieren, Blinddarm, Unterleib
	Gesundheitsprobleme:	Leberprobleme, Nierenprobleme, Lungenerkrankungen, Probleme mit den Ohren, Diabetes, Verlust der Erinnerung, Erkrankungen der Zunge, Hüftprobleme, Milzprobleme, Erkrankungen des Oberschenkels

Diamant	*Körperteile:*	Kopf, Gesicht, Gehirn, After, Hoden
	Gesundheitsprobleme:	Augenprobleme, Geschlechtskrankheiten, Erkrankungen des Gesichts, Erkrankungen der Harnwege, Verdauungsstörungen, Halsschmerzen, Diabetes, Impotenz, Fieber, Erkrankungen der Nervengeflechte
blauer Saphir	*Körperteile:*	Magen, Bauchspeicheldrüse, Verdauungsorgane, Leber, Gallenblase, Darm, Milz, Rückgrat, Herz, Brustkorb, Brust, Lunge
	Gesundheitsprobleme:	allgemeine Schwäche, Magenschmerzen, Deformierung von Körperteilen, Karies, Hautkrankheiten, Erkrankungen der Beine, Knochenbrüche, Knochenkrankheiten, Rheuma, Blindheit, Taubheit, mentale Sorgen, Wunden, Probleme mit den Haaren, Lähmungen, Hysterie

Schutz und Heilung durch Mantras und gezielt gelebtes Mitgefühl

Anhand der beiden folgenden Auflistungen kannst du erkennen, wo für deinen Bodyguard der größte Handlungsbedarf besteht, das heißt, welche/n positiven Planeten du vorrangig stärken kannst und welche negativen Planeten du unbedingt transformieren solltest.

Auch funktional positive Planeten bedürfen der Stärkung. Mittels der folgenden Aufstellung kannst du anhand der Auswirkungen schwacher oder angegriffener Planeten erkennen, welche/r deiner Planeten am meisten der Stärkung bedürfen. Diese **funktional positiven Planeten** können mit Hilfe **von allen fünf vedischen Hilfsmitteln gestärkt** werden.

Bestimmung der funktional *positiven* Planeten, die am meisten der Stärkung bedürfen

stärke	in folgenden Situationen
Sonne	geringes Einkommen; schwaches Herz; Schwierigkeiten mit dem Vater
Mond	ständiger Wechsel im Berufsleben; Verlust des mentalen Friedens; Schwierigkeiten für Mutter und Ehefrau
Mars	undynamisch; schwache Gesundheit; Verlust des Ehepartners, falls Venus und Mond ebenfalls schwach gestellt sind
Jupiter	kein Glück durch Söhne und jüngere Brüder; kaum unternehmungslustig; wenig Ruhm; fehlende Kommunikationskraft
Venus	schwache Gesundheit; Rheumatismus; kaum Wohlstand und Charme
Saturn	Schwierigkeiten in der Karriere; kaum mentaler Frieden und Intelligenz; Probleme mit der Wirbelsäule

Und dann geht es um unsere «großen Herausforderer» und damit um die Feststellung des größten Bedarfs an Schutz und Heilung.

Die folgende Auflistung ordnet die funktional negativen Planeten für den *Waage*-Aszendenten ihren möglichen Auswirkungen zu. Anhand der Stichworte kannst du herausfinden, welcher Planet in deinem Horoskop zum gegenwärtigen Zeitpunkt am stärksten der Transformation bedarf. Die **funktional negativen Planeten** können **nur** mit Hilfe **von Mantras, Verehrung und aktiv gelebtem Mitgefühl transformiert** werden.

Bestimmung der funktional *negativen* Planeten, die der Transformation bedürfen

transformiere	bei folgenden Problemen
Rahu	Krebs, nicht diagnostizierte Krankheiten, Depressionen, übertriebener Materialismus, lang anhaltende chronische Krankheiten, lang anhaltende Schwierigkeiten
Ketu	schwerwiegende akute Krankheiten, Fieber, nicht diagnostizierte Krankheiten, kurze intensive Schwierigkeiten
Merkur	Verluste in allen Lebensbereichen, Probleme mit den Nerven, Schwierigkeiten mit Kindern

Aszendent *Skorpion*

Empfohlene unterstützende Farben

Menschen mit Aszendent Skorpion besitzen zusätzlich zu den beiden Schattenplaneten Rahu und Ketu zwei weitere funktional negative Planeten, nämlich Mars und Venus. Neben grauen und braunen Tönen sollten die Betreffenden daher die Farben von Mars, dem Herrscher des 6. Hauses, und die Farben von Venus, der Herrscherin des 12. Hauses, vermeiden. Hierzu gehören starke Rottöne und das Königsblau der Venus.

Zur Stärkung seiner Gesundheit, allgemeinen Konstitution und Vitalität verwendet der Skorpion-Aszendent am besten die Farben der Sonne, das heißt Kupfer und Orange. Seine berufliche Lebenssituation kann der Skorpion-Aszendent ebenfalls durch Verwendung von Sonnenfarben verbessern, während das Einkommen und die Ansammlung von Vermögen vor allem durch die Farben Grün, Gelb und Gold unterstützt werden. Grüne Farbtöne sind insbesondere auch dabei behilflich, sich im Leben seine Wünsche zu erfüllen, während Gelb und Gold vor allem den Reichtum, Familienangelegenheiten und Ehebeziehungen fördern. Die schwarze Farbe von Saturn fördert vor allem die Lebensbereiche der Immobilien und des Landbesitzes, der Mutter und die Beziehung und das Wohlergehen zu den jüngeren Geschwistern. Weiß hilft dem Skorpion-Aszendenten, zu seiner inneren Bestimmung (Dharma) zu finden, die Beziehung zu seinem Vater und dessen Wohlergehen zu stärken, Kraft für den spirituellen Weg zu bekommen und allgemein sein Glück im Leben zu begünstigen.

Orange und die Farben der Sonne kräftigen für den Aszendenten Skorpion vor allem die Gelenke, die Knochen und die Knie, doch auch Augenproblemen, Fieber, Herzerkrankungen, Magenbeschwerden und Hautkrankheiten kann ebenso wie Krankheiten des Gehirns und des Kopfes mit solchen Farben vorgebeugt werden. Die Farbe Orange hilft dem Skorpion-Aszendenten auch dabei, seinen Magen zu unterstützen und Folgen vergangener Krankheiten zu beseitigen.

Die Farbe Weiß ist hilfreich bei Problemen mit der Hüfte, den Oberschenkeln, dem Knochenmark und den Arterien, wobei auch Lungenkrankheiten, Augenbeschwerden, Schläfrigkeit, Asthma, Nierenproblemen und Diabetes mit der Farbe Weiß oder weißem Vollspektrumlicht entgegengewirkt werden kann.

Schwierigkeiten mit dem linken Ohr, dem linken Arm und den Unterschenkeln können mit der Farbe Grün abgeschwächt werden, die auch bei Nervenproblemen, Krankheiten der Nase, hohem Fieber, Vergiftungen, Verrücktheit, Störungen der Gallenblase, Verdauungsproblemen und Hautkrankheiten angewandt werden kann.

Gelb oder Gold unterstützt neben dem Hals, dem Nacken, dem rechten Auge, den Zähnen und der Speiseröhre vor allem die Leber, die Nieren und die Ohren und wirkt unterstützend bei der Therapie von Lungenkrankheiten, Diabetes, Gedächtnisschwäche, Milzerkrankungen und Hüftbeschwerden.

Bei Menschen mit Aszendent Skorpion stärkt Schwarz nicht nur die Funktion des Herzens, der Lunge und des Brustkorbs, sondern ist auch bei allgemeiner Schwäche, bei Magenschmerzen, Zahnkrankheiten, rheumatischen Beschwerden, mentalen Sorgen, Lähmungen und Taubheit hilfreich. Auch Hysterie und andere psychische Störungen können mit Schwarz gelindert werden.

Zusammenfassung:

Förderliche Farben:
Orange, Weiß, Grün, Gelb, Schwarz

Zu vermeidende Farben:
Rot, Königsblau, Grau und Braun

Empfohlene schützende Edelsteine

Die folgenden Listen geben Aufschluss darüber, welche Edelsteine für den *Skorpion*-Aszendenten besonders empfohlen werden, um bestimmte Lebensbereiche zu stärken oder speziellen Krankheiten vorzubeugen. Man sieht hier, dass mit der Auswahl eines Edelsteins zugleich mehrere geschwächte Lebensbereiche, Körperbereiche und Dispositionen positiv beeinflusst werden können.

Empfohlene Edelsteine zur Stärkung einzelner Lebensbereiche

Haus	Lebensbereich	Edelstein
1.	Gesundheit	Rubin
2.	Familie Reichtum	gelber Saphir gelber Saphir
3.	Initiativen jüngere Geschwister	blauer Saphir blauer Saphir
4.	Mutter Häuslichkeit Immobilien Bildung	blauer Saphir, Perle blauer Saphir blauer Saphir blauer Saphir, gelber Saphir, Smaragd
5.	Intelligenz Kreativität Kinder Emotionen	gelber Saphir, Smaragd gelber Saphir, Smaragd gelber Saphir, Smaragd gelber Saphir, Perle
6.	Stärkung mit Edelstein nicht möglich	
7.	Ehe, Partnerschaft Liebe	gelber Saphir gelber Saphir
8.	Lebensdauer*	blauer Saphir
9.	Vater Spiritualität Fortuna	Perle, Rubin Rubin, Perle, gelber Saphir Perle, gelber Saphir
10.	Beruf, Taten gutes Karma	Rubin gelber Saphir, Rubin
11.	Einkommen, Gewinne	Smaragd
12.	Stärkung mit Edelstein nicht möglich	

* schützt vor Unfällen und starken Schierigkeiten

Empfohlene Edelsteine zur Stärkung von Körperteilen und zur Anwendung bei den folgenden Gesundheitsproblemen

Rubin	*Körperteile:*	Knochen, Knie, Gelenke
	Gesundheitsprobleme:	Krankheiten des rechten Auges, hohes Fieber, Herzkrankheiten, Magenprobleme, Hautkrankheiten, Knochenbrüche, Erkrankungen des Gehirns und des Kopfes, Folgen von Krankheiten der Vergangenheit
Perle	*Körperteile:*	Hüften, Oberschenkel, Knochenmark, Arterien
	Gesundheitsprobleme:	Krankheiten der Lunge und des Herzens, Erkrankung des linken Auges, Schläfrigkeit, Asthma, Durchfall, Blutlosigkeit, Blutvergiftungen, Erkrankungen durch Wasser, Erbrechen, Nierenprobleme, Diabetes, Menstruationsbeschwerden, Blinddarmentzündungen
Smaragd	*Körperteile:*	Becken, Hoden, linkes Ohr, linker Arm, Unterschenkel
	Gesundheitsprobleme:	Erkrankungen des Brustkorbs, der Nerven, der Nase, Epilepsie, Probleme mit dem Nabel, hohes Fieber, Vergiftungen, Juckreiz, Knochenbrüche, Typhus, Verrücktheit, Erkrankungen der Gallenblase, Lähmungen, Verdauungsstörungen, Hautkrankheiten
gelber Saphir	*Körperteile:*	Nacken, Hals, rechtes Auge, Zähne, Zunge, Speiseröhre, Dickdarm, Nieren, Blinddarm, Unterleib
	Gesundheitsprobleme:	Leberprobleme, Nierenprobleme, Lungenerkrankungen, Probleme mit den Ohren, Diabetes, Verlust der Erinnerung, Erkrankungen der Zunge, Hüftprobleme, Milzprobleme, Erkrankungen des Oberschenkels
blauer Saphir	*Körperteile:*	Hände, Schultern, rechtes Ohr, Luftröhre, obere Atemwege, Herz, Lunge, Brust, Brustkorb
	Gesundheitsprobleme:	allgemeine Schwäche, Magenschmerzen, Deformierung von Körperteilen, Karies, Hautkrankheiten, Erkrankungen der Beine, Knochenbrüche, Knochenkrankheiten, Rheuma, Blindheit, Taubheit, mentale Sorgen, Wunden, Probleme mit den Haaren, Lähmungen, Hysterie

Schutz und Heilung durch Mantras und gezielt gelebtes Mitgefühl

Anhand der beiden folgenden Auflistungen kannst du erkennen, wo für deinen Bodyguard der größte Handlungsbedarf besteht, das heißt, welche/n positiven Planeten du vorrangig stärken kannst und welche negativen Planeten du unbedingt transformieren solltest.

Auch funktional positive Planeten bedürfen der Stärkung. Mittels der folgenden Aufstellung kannst du anhand der Auswirkungen schwacher oder angegriffener Planeten erkennen, welche/r deiner Planeten am meisten der Stärkung bedürfen. Diese **funktional positiven Planeten** können mit Hilfe **von allen fünf vedischen Hilfsmitteln gestärkt** werden.

Bestimmung der funktional *positiven* Planeten, die am meisten der Stärkung bedürfen

stärke	in folgenden Situationen
Sonne	Verlust der Stellung; hoher Blutdruck; schwache Gesundheit; Verlust der Ausbildung und Schwierigkeiten für den Vater
Mond	Rückschläge und Verlust des mentalen Friedens
Merkur	unsicheres Einkommen; Stress; Hautkrankheiten; Verdauungsprobleme
Jupiter	Verlust der Stellung, Ausbildung; Probleme mit dem Ehepartner; Augenprobleme, Zahnprobleme und schwache Leber
Saturn	Schwierigkeiten für die Eltern und den Ehepartner; Verlust der Ausbildung und des mentalen Friedens

Und dann geht es um unsere «großen Herausforderer» und damit um die Feststellung des größten Bedarfs an Schutz und Heilung.

Die folgende Auflistung ordnet die funktional negativen Planeten für den *Skorpion*-Aszendenten ihren möglichen Auswirkungen zu. Anhand der Stichworte kannst du herausfinden, welcher Planet in deinem Horoskop zum gegenwärtigen Zeitpunkt am stärksten der Transformation bedarf. Die **funktional negativen Planeten** können **nur** mit Hilfe **von Mantras, Verehrung und aktiv gelebtem Mitgefühl transformiert** werden.

Bestimmung der funktional *negativen* Planeten, die der Transformation bedürfen

transformiere	bei folgenden Problemen
Rahu	Krebs, nicht diagnostizierte Krankheiten, Depressionen, übertriebener Materialismus, lang anhaltende chronische Krankheiten, lang anhaltende Schwierigkeiten
Ketu	schwerwiegende akute Krankheiten, Fieber, nicht diagnostizierte Krankheiten, kurze intensive Schwierigkeiten
Mars	akute Krankheiten, Feindschaften, Schulden, Aggressivität, Krankheiten durch zu viel Hitze und Feuer im Körper, Unfälle, Vergiftungen, Wunden, zu hoher Blutdruck, Blutvergiftungen, Entzündungen, Knochenbrüche, Krebs, Tumore. Schwache Gesundheit; Hämorrhoiden; aufbrausend
Venus	Verluste in allen Lebensbereichen, Augenprobleme, Geschlechtskrankheiten, Schwierigkeiten bei der Auseinandersetzung mit der weiblichen Energie, Trennung von der Ehefrau; schlechte Gesundheit für die Frau; mittlere Lebensdauer; schwache Nieren

Aszendent *Schütze*

Empfohlene unterstützende Farben

Für Menschen mit Aszendent Schütze gesellt sich lediglich der Mond als Herrscher des chronische Krankheiten und todesähnliche Zustände verursachenden 8. Hauses zu den beiden obligatorischen «Übeltätern» und Schattenplaneten Rahu und Ketu hinzu. Daher eignen sich für den Schütze-Aszendenten bis auf Grau, Braun und Weiß alle Farben, um seine Gesundheit, Konstitution, Vitalität und die anderen Lebensbereiche zu unterstützen.

Geht es dem Schütze-Aszendenten vor allem um die Stärkung der Gesundheit, der Vitalität, der körperlichen Verfassung und seiner Persönlichkeit, so sollte er auf gelbe und goldene Farbtöne zurückgreifen. Diese stärken auch seine Ehe, Partnerschaften und Liebesbeziehungen.

Eine Frau mit Schütze-Aszendent stärkt die Ehe am besten durch die Jupiter-Farben Gelb oder Gold, während ein Mann hierzu vor allem das Königsblau von Venus und vielfarbige Farbarrangements nutzt.

Die Farben von Venus unterstützen für den Schützen generelle Familienangelegenheiten, das Einkommen, Gewinne im Leben im Allgemeinen und insbesondere durch Freunde. Auch die Erfüllung materieller Wünsche wird durch Königsblau gefördert.

Um seine Initiativen zu unterstützen, seine Bemühungen im Leben erfolgreicher zu machen, sich dafür zu motivieren und den notwendigen Mut zu bekommen, sollte der Schütze die kräftigen Rottöne von Mars verwenden. Diese unterstützen gleichzeitig die kreative Intelligenz, sodass sie sich auch ganz hervorragend zur Förderung der beruflichen Situation, des Studiums, der Konzentration und des Erfolgs in der Ausbildung eignen. Weiterhin können kräftige Rottöne angewandt werden, um alle Belange der Kinder und die Beziehung zu den Kindern zu fördern.

Berufliches kann der Schütze-Aszendent zusätzlich durch die Verwendung grüner Farbtöne unterstützen. Die Farben der Sonne helfen ihm dabei, seiner inneren Bestimmung im Leben (Dharma) näher zu kommen, die Belange des Vaters und seine Beziehung zu diesem zu stärken, seine Religiosität zu festigen und Unterstützung auf dem spirituellen Weg zu erhalten.

Die Lebensbereiche eigenes Haus, Häuslichkeit, Fahrzeuge, Landbesitz und Immobilien werden im Leben des Schütze-Aszendenten vor allem durch das Königsblau von Venus Unterstützung finden.

Die Farben der Sonne, wie Orange und Kupfer, wendet der Schütze-Aszendent am besten an, um Krankheiten der Hüfte, der Oberschenkel, des Knochenmarks und der Arterien zu behandeln; sie helfen ihm jedoch auch generell bei Augenbeschwerden, hohem Fieber, Herzkrankheiten, Störungen des Magens, Hautkrankheiten, Migräne, Kopfschmerzen und der Aufarbeitung von früheren Krankheiten.

Das intensive Rot von Mars hilft dem Schützen vor allem bei der Beseitigung von Verdauungsstörungen, Erkrankungen der Leber und Galle, Blasenkrankheiten, Störungen der Bauchspeicheldrüse und des Magens, Schwierigkeiten im Bereich des Darms und der Milz. Hilfreich sind die Farben von Mars jedoch auch bei der Behandlung von niedrigem Blutdruck, Energiemangel, Knochenbrüchen, Tumoren, Hämorrhoiden und Erkrankungen des Blutes.

Grün hilft bei der Unterstützung seiner Gelenke, Knochen und insbesondere der Knie; doch auch bei Nervenschwäche, Überlastungen der Nerven, Krankheiten der Lunge, Probleme im Bereich der Nase, des Nabels und generell bei Hautkrankheiten, Lähmungen und einer Schwäche der Gallenblase kann diese Farbe helfen.

Gelbe und goldene Farbtöne unterstützen die gesundheitliche Konstitution und Vitalität, doch auch die Funktion von Leber, Nieren, Lungen, Bauchspeicheldrüse und Milz kann hierdurch gestärkt werden. Bei Gedächtnisschwäche kann sich die Farbe Gelb ebenfalls als hilfreich erweisen.

Das Königsblau von Venus hilft dem Schütze-Aszendenten bei Erkrankungen der Verdauungsorgane, der Nieren, des Blinddarms, des linken Ohres, des linken Arms und der Unterschenkel; doch auch bei Problemen mit den Augen, den Venen, des Harnleiters, der Verdauung und bei Diabetes können sich die Farben von Venus als hilfreich erweisen.

Das Schwarz von Saturn hilft dem Schütze-Aszendenten, Probleme mit den Händen, den Schultern, im rechten Ohr und mit der Luftröhre zu behandeln. Diese Farbe ist jedoch auch bei allgemeiner Schwäche, Magenkrankheiten, Verfall der Zähne oder Knochen und generell bei rheumatischen Beschwerden hilfreich. Auch mentale Sorgen und Hysterie können damit gelindert werden.

Zusammenfassung:

Förderliche Farben: Orange, Rot, Grün, Gelb, Königsblau, Schwarz

Zu vermeidende Farben: Weiß, Grau und Braun

Empfohlene schützende Edelsteine

Die folgenden Listen geben Aufschluss darüber, welche Edelsteine für den *Schütze*-Aszendenten besonders empfohlen werden, um bestimmte Lebensbereiche zu stärken oder speziellen Krankheiten vorzubeugen. Man sieht hier, dass mit der Auswahl eines Edelsteins zugleich mehrere geschwächte Lebensbereiche, Körperbereiche und Dispositionen positiv beeinflusst werden können.

Empfohlene Edelsteine zur Stärkung einzelner Lebensbereiche

Haus	Lebensbereich	Edelstein
1.	Gesundheit	gelber Saphir, Rubin
2.	Familie	Diamant
	Reichtum	Smaragd, Diamant, gelber Saphir
3.	Initiativen	blauer Saphir
	jüngere Geschwister	blauer Saphir
4.	Mutter	Rubin
	Häuslichkeit	Diamant
	Immobilien	Diamant
	Bildung	rote Koralle, Smaragd
5.	Intelligenz	rote Koralle, gelber Saphir
	Kreativität	rote Koralle, gelber Saphir
	Kinder	rote Koralle, Smaragd, gelber Saphir
	Emotionen	rote Koralle
6.	Stärkung mit Edelstein nicht möglich	
7.	Ehe, Partnerschaft	Diamant
	Liebe	Diamant
8.	Lebensdauer*	blauer Saphir
9.	Vater	Rubin
	Spiritualität	Rubin, gelber Saphir
	Fortuna	Rubin, gelber Saphir
10.	Beruf, Taten	Smaragd
	gutes Karma	Smaragd
11.	Einkommen, Gewinne	Diamant
12.	Institutionen	rote Koralle

* schützt vor Unfällen und starken Schierigkeiten

Empfohlene Edelsteine zur Stärkung von Körperteilen und zur Anwendung bei den folgenden Gesundheitsproblemen

Rubin	*Körperteile:*	Hüfte, Oberschenkel, Knochenmark, Arterien
	Gesundheitsprobleme:	Krankheiten des rechten Auges, hohes Fieber, Herzkrankheiten, Magenprobleme, Hautkrankheiten, Knochenbrüche, Erkrankungen des Gehirns und des Kopfes, Folgen von Krankheiten der Vergangenheit
rote Koralle	*Körperteile:*	Magen, Bauchspeicheldrüse, Verdauungsorgane, Leber, Gallenblase, Darm, Milz, Rückgrat, linkes Auge, lymphatisches System, Knöchel, Füße
	Gesundheitsprobleme:	Krankheiten durch zu starke Hitze im Körper, Vergiftungen, Schnitte, Wunden, Blutkrankheiten, Juckreiz, Erkrankungen des Magens, Erkrankungen des Knochenmarks, zu hoher oder zu niedriger Blutdruck, Energiemangel, Erkrankungen der weiblichen Organe, Knochenbrüche, Beulen, Tumore, Krebs, Menstruationsbeschwerden, Durchfall
Smaragd	*Körperteile:*	Sehnen, Gelenke, Knochen, Becken, Fortpflanzungsorgane
	Gesundheitsprobleme:	Erkrankungen des Brustkorbs, der Nerven, der Nase, Epilepsie, Probleme mit dem Nabel, hohes Fieber, Vergiftungen, Juckreiz, Knochenbrüche, Typhus, Verrücktheit, Erkrankungen der Gallenblase, Lähmungen, Verdauungsstörungen, Hautkrankheiten
gelber Saphir	*Körperteile:*	Kopf, Gehirn, Gesicht, Herz, Lunge, Brust, Brustkorb
	Gesundheitsprobleme:	Leberprobleme, Nierenprobleme, Lungenerkrankungen, Probleme mit den Ohren, Diabetes, Verlust der Erinnerung, Erkrankungen der Zunge, Hüftprobleme, Milzprobleme, Erkrankungen des Oberschenkels

Diamant	*Körperteile:*	linkes Ohr, linker Arm, Unterschenkel, Dickdarm, Nieren, Blinddarm, Unterleib
	Gesundheitsprobleme:	Augenprobleme, Geschlechtskrankheiten, Erkrankungen des Gesichts, Erkrankungen der Harnwege, Verdauungsstörungen, Halsschmerzen, Diabetes, Impotenz, Fieber, Erkrankungen der Nervengeflechte
blauer Saphir	*Körperteile:*	Hände, Schultern, rechtes Ohr, Luftröhre, Nacken, Hals, rechtes Auge, Zähne, Zunge, Speiseröhre
	Gesundheitsprobleme:	allgemeine Schwäche, Magenschmerzen, Deformierung von Körperteilen, Karies, Hautkrankheiten, Erkrankungen der Beine, Knochenbrüche, Knochenkrankheiten, Rheuma, Blindheit, Taubheit, mentale Sorgen, Wunden, Probleme mit den Haaren, Muskelschmerzen, Lähmungen, Hysterie

Schutz und Heilung durch Mantras und gezielt gelebtes Mitgefühl

Anhand der beiden folgenden Auflistungen kannst du erkennen, wo für deinen Bodyguard der größte Handlungsbedarf besteht, das heißt, welche/n positiven Planeten du vorrangig stärken kannst und welche negativen Planeten du unbedingt transformieren solltest.

Auch funktional positive Planeten bedürfen der Stärkung. Mittels der folgenden Aufstellung kannst du anhand der Auswirkungen schwacher oder angegriffener Planeten erkennen, welche/r deiner Planeten am meisten der Stärkung bedürfen. Diese **funktional positiven Planeten** können mit Hilfe **von allen fünf vedischen Hilfsmitteln gestärkt** werden.

Bestimmung der funktional *positiven* Planeten, die am meisten der Stärkung bedürfen

stärke	in folgenden Situationen
Sonne	Schwierigkeiten für den Vater; Rückschläge; Probleme für die Söhne und Verlust der Vitalität
Mars	Schwierigkeiten für die Söhne und in der Ausbildung; übertriebener Ehrgeiz und unerfüllte Wünsche
Merkur	nervös; mittlere Lebensspanne, falls auch Jupiter schwach und angegriffen ist
Jupiter	schwacher und kranker Körper; selbstsüchtig; gierig; schlechte Augen; Fieber
Venus	geringes Einkommen; schlechte Gesundheit des Ehepartners; Verlust der Vitalität
Saturn	Fehlschläge; erfolglose Unternehmungen; Verzögerungen; Lethargie; fehlende Klarheit und Kommunikation

Und dann geht es um unsere «großen Herausforderer» und damit um die Feststellung des größten Bedarfs an Schutz und Heilung.

Die folgende Auflistung ordnet die funktional negativen Planeten für den *Schütze*-Aszendenten ihren möglichen Auswirkungen zu. Anhand der Stichworte kannst du herausfinden, welcher Planet in deinem Horoskop zum gegenwärtigen Zeitpunkt am stärksten der Transformation bedarf. Die **funktional negativen Planeten** können **nur** mit Hilfe **von Mantras, Verehrung und aktiv gelebtem Mitgefühl transformiert** werden.

Bestimmung der funktional *negativen* Planeten, die der Transformation bedürfen

transformiere	bei folgenden Problemen
Rahu	Krebs, nicht diagnostizierte Krankheiten, Depressionen, übertriebener Materialismus, lang anhaltende chronische Krankheiten, lang anhaltende Schwierigkeiten
Ketu	schwerwiegende akute Krankheiten, Fieber, nicht diagnostizierte Krankheiten, kurze intensive Schwierigkeiten
Mond	chronische Krankheiten, übertrieben große Hindernisse im Leben, lebensbedrohliche Krankheiten, Unfälle, Rückschläge, Krankheiten des Herzens und der Lunge, Schläfrigkeit, Krankheiten, die mit Wasser zu tun haben, Schwierigkeiten mit der Mutter oder mit der höheren weiblichen Energie. Schwache Gesundheit; hoher Blutdruck in jungen Jahren; Verlust des mentalen Friedens; verzögerte Heirat

Aszendent *Steinbock*

Empfohlene unterstützende Farben

Menschen mit Aszendent Steinbock besitzen neben den beiden Schattenplaneten zwei weitere «Übeltäter», nämlich Sonne und Jupiter. Dadurch bedingt haben die Farben von Jupiter und Sonne, nämlich gelbe, goldene und orangefarbene Töne, neben dem Grau von Rahu und dem Braun von Ketu auf den Steinbock-Aszendenten eine ungünstige Wirkung. Er sollte sich daher in erster Linie mit schwarzen, weißen und allen Schattierungen von Blautönen sowie mit Grün und Rot umgeben.

Zur Stärkung seiner allgemeinen Gesundheit kann der Steinbock-Aszendent ebenso wie zur Unterstützung seiner Familienangelegenheiten und seines Wohlstandes das Schwarz von Saturn verwenden, während er seine Vitalität und Dynamik vor allem mit kräftigen Rottönen unterstützen kann. Sehr hilfreich ist das Rot von Mars auch bei allen Belangen, welche die Mutter und die Beziehung zur Mutter betreffen, sowie in den Lebensbereichen von Besitz, Häuslichkeit, Landbesitz, Fahrzeugen und Immobilien. Die Beziehung zur Mutter und ihr Wohlergehen kann zusätzlich durch die Farbe Weiß unterstützt werden. Auch zur Unterstützung der Initiativen, dem Erfolg von Bemühungen und dem Antrieb, seine Ziele in der Welt umzusetzen, wirken sich die kräftigen Rottöne von Mars vorteilhaft aus. Berufliche Belange werden ebenso wie Fragen, die Reichtum und Wohlstand betreffen, durch das Königsblau von Venus gefördert.

Kreative Intelligenz und das analytische Denkvermögen finden durch grüne Farbtöne Unterstützung. Die gleichen Farben können auch angewandt werden, um die Kinder und die Beziehung zu den Kindern zu unterstützen. Gleichzeitig helfen grüne Farbtöne beim Auffinden der inneren Bestimmung (Dharma), in Lebensbelangen, die den Vater und die Beziehung zu ihm betreffen, zur Stärkung der Religiosität und geben Unterstützung auf dem spirituellen Pfad.

Das Weiß des Mondes unterstützt die Liebe, Partnerschaften und Ehe, fördert jedoch auch alles, was mit der Mutter in Zusammenhang steht.

Mit Hilfe der Farbe Weiß kann der Steinbock gesundheitlichen Problemen im Bereich der Fortpflanzungsorgane entgegenwirken; doch auch Herz und Lunge, Krankheiten der Augen, Schläfrigkeit, Asthma, Diabetes und damit verbundene Probleme reagieren positiv auf sie.

Das Herz, die Lunge und den Brustkorb stärkt der Steinbock-Aszendent durch die kräftigen Rottöne von Mars, die auch die Heilung von Blutkrankheiten unterstützen, Energiemangel ausgleichen und bei niedrigem Blutdruck hilfreich sein können.

Das Grün unterstützt die Funktion der Hüften und Oberschenkel, des Knochenmarks und der Arterien, ist jedoch auch bei nervlichen Belastungen, Nervenkrankheiten, Krankheiten der Nase und Verdauungsstörungen hilfreich.

Das Königsblau von Venus kann die Heilung bei Problemen mit den Knochen, Gelenken und insbesondere mit den Knien unterstützen, ist jedoch auch bei Schwierigkeiten mit den Augen, mit den Venen, mit der Verdauung und bei Diabetes förderlich.

Das Schwarz von Saturn unterstützt den Hals, den Nacken, das rechte Auge, die Zähne und die Speiseröhre, kann jedoch auch allgemeine Schwächeerscheinungen abmildern und wirkt positiv bei Magenschmerzen, Verfall der Zähne, Knochenbrüchen und rheumatischen Beschwerden. Auch Hysterie und mentale Sorgen können durch Verwendung der Farbe Schwarz abgeschwächt werden.

Zusammenfassung:

Förderliche Farben:
Weiß, Rot, Grün, Königsblau, Schwarz

Zu vermeidende Farben:
Orange, Gelb, Grau und Braun

Empfohlene schützende Edelsteine

Die folgenden Listen geben Aufschluss darüber, welche Edelsteine für den *Steinbock*-Aszendenten besonders empfohlen werden, um bestimmte Lebensbereiche zu stärken oder speziellen Krankheiten vorzubeugen. Man sieht hier, dass mit der Auswahl eines Edelsteins zugleich mehrere geschwächte Lebensbereiche, Körperbereiche und Dispositionen positiv beeinflusst werden können.

Empfohlene Edelsteine zur Stärkung einzelner Lebensbereiche

Haus	Lebensbereich	Edelstein
1.	Gesundheit	blauer Saphir
2.	Familie	blauer Saphir
	Reichtum	blauer Saphir
3.	Initiativen	rote Koralle
	jungere Geschwister	rote Koralle
4.	Mutter	rote Koralle, Perle
	Häuslichkeit	rote Koralle, Diamant
	Immobilien	rote Koralle, Diamant
	Bildung	rote Koralle, Smaragd
5.	Intelligenz	Diamant, Smaragd
	Kreativität	Diamant, Smaragd
	Kinder	blauer Saphir
	Emotionen	Perle, Diamant
6.	Stärkung mit Edelstein nicht möglich	
7.	Ehe, Partnerschaft	Perle
	Liebe	Perle, Diamant
8.	Lebensdauer*	blauer Saphir
9.	Vater	Smaragd
	Spiritualität	Smaragd
	Fortuna	Smaragd
10.	Beruf, Taten	Diamant
	gutes Karma	Diamant
11.	Einkommen, Gewinne	blauer Saphir
12.	Stärkung mit Edelstein nicht möglich	

* schützt vor Unfällen und starken Schierigkeiten

Empfohlene Edelsteine zur Stärkung von Körperteilen und zur Anwendung bei den folgenden Gesundheitsproblemen

Perle	*Körperteile:*	Becken, Fortpflanzungsorgane
	Gesundheitsprobleme:	Krankheiten der Lunge und des Herzens, Erkrankung des linken Auges, Schläfrigkeit, Asthma, Durchfall, Blutlosigkeit, Blutvergiftungen, Erkrankungen durch Wasser, Erbrechen, Nierenprobleme, Diabetes, Menstruationsbeschwerden, Blinddarmentzündungen
rote Koralle	*Körperteile:*	Herz, Lunge, Brust, Brustkorb, linkes Ohr, linker Arm, Unterschenkel
	Gesundheitsprobleme:	Krankheiten durch zu starke Hitze im Körper, Vergiftungen, Schnitte, Wunden, Blutkrankheiten, Juckreiz, Erkrankungen des Magens, Erkrankungen des Knochenmarks, zu hoher oder zu niedriger Blutdruck, Energiemangel, Erkrankungen der weiblichen Organe, Knochenbrüche, Beulen, Tumore, Krebs, Menstruationsbeschwerden, Durchfall
Smaragd	*Körperteile:*	Hüfte, Oberschenkel, Knochenmark, Arterien, Dickdarm, Nieren, Blinddarm, Unterleib
	Gesundheitsprobleme:	Erkrankungen des Brustkorbs, der Nerven, der Nase, Epilepsie, Probleme mit dem Nabel, hohes Fieber, Vergiftungen, Juckreiz, Knochenbrüche, Typhus, Verrücktheit, Erkrankungen der Gallenblase, Lähmungen, Verdauungsstörungen, Hautkrankheiten
Diamant	*Körperteile:*	Knie, Knochen, Gelenke, Magen, Bauchspeicheldrüse, Verdauungsorgane, Leber, Galle, Milz, Rückgrat
	Gesundheitsprobleme:	Augenprobleme, Geschlechtskrankheiten, Erkrankungen des Gesichts, Erkrankungen der Harnwege, Verdauungsstörungen, Halsschmerzen, Diabetes, Impotenz, Fieber, Erkrankungen der Nervengeflechte
blauer Saphir	*Körperteile:*	Nacken, Hals, rechtes Auge, Zähne, Zunge, Speiseröhre, Gesicht, Kopf, Gehirn
	Gesundheitsprobleme:	allgemeine Schwäche, Magenschmerzen, Deformierung von Körperteilen, Karies, Hautkrankheiten, Erkrankungen der Beine, Knochenbrüche, Knochenkrankheiten, Rheuma, Blindheit, Taubheit, mentale Sorgen, Wunden, Probleme mit den Haaren, Lähmungen, Hysterie

Schutz und Heilung durch Mantras und gezielt gelebtes Mitgefühl

Anhand der beiden folgenden Auflistungen kannst du erkennen, wo für deinen Bodyguard der größte Handlungsbedarf besteht, das heißt, welche/n positiven Planeten du vorrangig stärken kannst und welche negativen Planeten du unbedingt transformieren solltest.

Auch funktional positive Planeten bedürfen der Stärkung. Mittels der folgenden Aufstellung kannst du anhand der Auswirkungen schwacher oder angegriffener Planeten erkennen, welche/r deiner Planeten am meisten der Stärkung bedürfen. Diese **funktional positiven Planeten** können mit Hilfe **von allen fünf vedischen Hilfsmitteln gestärkt** werden.

Bestimmung der funktional *positiven* Planeten, die am meisten der Stärkung bedürfen

stärke	in folgenden Situationen
Mond	unharmonische Partnerschaft; Verlust des mentalen Friedens; Schwierigkeiten mit dem Erwerb von Besitz; kein häusliches Glück, falls auch Mars angegriffen ist
Mars	Verlust von Besitz; Störungen in der Ausbildung; Rückschläge; Lethargie
Merkur	arme Eltern; durchschnittliche Lebensdauer; Verstopfung; Stress
Venus	Verluste im Geschäft; Karriere stagniert; keine Zufriedenheit im Beruf; weniger einträgliche Geschäfte
Saturn	gewöhnliche oder degradierende Stellung; Verlust des Eheglücks und Reichtums

Und dann geht es um unsere «großen Herausforderer» und damit um die Feststellung des größten Bedarfs an Schutz und Heilung.

Die folgende Auflistung ordnet die funktional negativen Planeten für den *Steinbock*-Aszendenten ihren möglichen Auswirkungen zu. Anhand der Stichworte kannst du herausfinden, welcher Planet in deinem Horoskop zum gegenwärtigen Zeitpunkt am stärksten der Transformation bedarf. Die **funktional negativen Planeten** können **nur** mit Hilfe **von Mantras, Verehrung und aktiv gelebtem Mitgefühl transformiert** werden.

Bestimmung der funktional *negativen* Planeten, die der Transformation bedürfen

transformiere	bei folgenden Problemen
Rahu	Krebs, nicht diagnostizierte Krankheiten, Depressionen, übertriebener Materialismus, lang anhaltende chronische Krankheiten, lang anhaltende Schwierigkeiten
Ketu	schwerwiegende akute Krankheiten, Fieber, nicht diagnostizierte Krankheiten, kurze intensive Schwierigkeiten
Sonne	chronische Krankheiten, übertrieben große Hindernisse im Leben, lebensbedrohliche Krankheiten, Unfälle, Rückschläge, Probleme mit dem Vater, Probleme mit dem Kopf, Probleme mit dem Herzen, Probleme, die aus vorangehenden Krankheiten resultieren. Kurzes Leben, falls sich Jupiter in einer ähnlich schwachen Stellung befindet; keine Erbschaft; Schwierigkeiten für den Vater; Verluste durch Spekulationen
Jupiter	Verluste in allen Lebenssituationen, Leberprobleme, Diabetes, Hüftprobleme, Probleme mit Priestern, Lehrern, spirituellen Meistern, mittlere Lebenserwartung, Verlust sexueller Freuden; schwache Leber

Aszendent *Wassermann*

Empfohlene unterstützende Farben

Menschen mit Aszendent Wassermann besitzen zusätzlich zu den beiden obligatorischen «Übeltätern», den Schattenplaneten Rahu und Ketu, zwei weitere funktional negative Planeten, nämlich den Mond als Herrscher des 6. Hauses und Merkur als Herrscher des 8. Hauses. Die Farben des Mondes, also weiße und silbrige Töne, fördern daher die Entstehung von Krankheiten, während die grünen Farbtöne von Merkur im Leben des Wassermann-Aszendenten Schwierigkeiten, chronische Krankheiten und todesähnliche Zustände begünstigen können. Deshalb sollten diese beiden Farben ebenso vermieden werden wie das Grau und Braun der beiden Mondknoten.

Die positiven Farben des Wassermann-Aszendenten sind das kräftige Schwarz von Saturn, ein ebenso kräftiges Rot von Mars, die Sonnenfarben, insbesondere Orange, sowie Gelb und die goldene Farbe von Jupiter. Auch die Farben von Venus, das heißt alle Schattierungen in leuchtendem Blau, sind für den Wassermann-Aszendenten förderlich.

Um seine Konstitution, seine allgemeine Gesundheit, seine Persönlichkeit und Vitalität zu stärken, kann sich der Wassermann-Aszendent mit kräftigen Schwarztönen umgeben. Seine Familienangelegenheiten unterstützt er am besten mit den Farben der Sonne, das heißt, Orange oder Kupfer. Hierdurch werden auch seine Partnerschaften, seine Ehe und Erfahrungen in der Liebe gefördert. Mars beherrscht beim Wassermann-Aszendenten das 3. Haus und damit die Initiativen, Bemühungen und den Mut. Daher fördert ein kräftiges Rot bei ihm vor allem diese Lebensbereiche und wirkt sich auch im Beruf sehr förderlich aus.

Das Einkommen des Wassermann-Aszendenten wird besonders durch gelbe Farbtöne gefördert, die sich allgemein positiv auf die Erfüllung seiner Wünsche im Leben auswirken. Alle Arten von Gewinnen können ebenfalls durch die Verwendung gelber Farbtöne begünstigt werden.

Das Königsblau von Venus und weitere Schattierungen in leuchtendem Blau fördern neben allen Angelegenheiten, die mit der Mutter und dem Vater in Beziehung stehen, auch den Dharma des Wassermann-Aszendenten, seine Spiritualität und das Glück, das er im Leben erfährt. Auch die Häuslichkeit, der Besitz von Häusern, Land und Fahrzeugen und die Ausbildung werden durch blaue Farbtöne unterstützt.

Das Rot von Mars fördert beim Wassermann-Aszendenten ebenfalls die Ausbildung und das Studium.

Das Orange der Sonne stärkt die Fortpflanzungsorgane des Wassermann-Aszendenten, jedoch auch sein Herz, seinen Magen, seine Haut, seine Knochen, seine Augen, sein Gehirn und hilft ihm dabei, die Folgen vergangener Krankheiten zu bewältigen.

Das kräftige Rot von Mars hilft nicht nur dabei, Probleme mit den Händen, Schultern, dem rechten Ohr und den oberen Atemwegen zu beheben, sondern wirkt sich auch sehr positiv auf zu niedrigen Blutdruck, energetische Mangelzustände, Krankheiten des Blutes, bei Knochenbrüchen, Tumoren und Krebs aus.

Krankheiten der Leber, der Nieren, der Lungen, der Ohren, Diabetes, Schwächen der Milz, der Hüfte und Gedächtnisstörungen weisen ebenso auf einen erhöhten Bedarf nach gelben Farbtönen hin wie Schwierigkeiten im Bereich des linken Ohrs, des linken Arms und der Unterschenkel.

Des Königsblau von Venus wirkt sich sehr positiv auf die Heilung von Problemen mit der Hüfte, den Oberschenkeln, dem Knochenmark und den Arterien aus, kann jedoch auch bei Augenproblemen, Venenkrankheiten, Verdauungsstörungen, Halsschmerzen, Diabetes, Impotenz und Fieber zum Einsatz kommen.

Mit der Farbe Schwarz unterstützt der Wassermann-Aszendent neben seiner allgemeinen gesundheitlichen Konstitution vor allem die Funktion seines Gehirns, seiner Gelenke und die Festigkeit seiner Knochen. Sie kann jedoch auch bei generellen Schwächeerscheinungen, Hysterie und Depressionen, Lähmungen und rheumatischen Beschwerden zum Einsatz kommen.

Zusammenfassung:

Förderliche Farben:
Orange, Rot, Gelb, Königsblau, Schwarz

Zu vermeidende Farben:
Weiß, Grün, Grau und Braun

Empfohlene schützende Edelsteine

Die folgenden Listen geben Aufschluss darüber, welche Edelsteine für den *Wassermann*-Aszendenten besonders empfohlen werden, um bestimmte Lebensbereiche zu stärken oder speziellen Krankheiten vorzubeugen. Man sieht hier, dass mit der Auswahl eines Edelsteins zugleich mehrere geschwächte Lebensbereiche, Körperbereiche und Dispositionen positiv beeinflusst werden können.

Empfohlene Edelsteine zur Stärkung einzelner Lebensbereiche

Haus	Lebensbereich	Edelstein
1.	Gesundheit	blauer Saphir, Rubin
2.	Familie	Rubin
	Reichtum	gelber Saphir
3.	Initiativen	rote Koralle
	jüngere Geschwister	rote Koralle
4.	Mutter	Diamant
	Häuslichkeit	Diamant
	Immobilien	Diamant
	Bildung	gelber Saphir, Rubin
5.	Intelligenz	gelber Saphir, Rubin
	Kreativität	gelber Saphir, Rubin
	Kinder	Diamant, gelber Saphir
	Emotionen	gelber Saphir, Diamant
6.	Stärkung mit Edelstein nicht möglich	
7.	Ehe, Partnerschaft	Rubin
	Liebe	Rubin, Diamant
8.	Lebensdauer*	blauer Saphir
9.	Vater	Rubin, Diamant
	Spiritualität	Rubin, Diamant, gelber Saphir
	Fortuna	blauer Saphir, gelber Saphir, Diamant
10.	Beruf, Taten	rote Koralle, gelber Saphir
	gutes Karma	rote Koralle, gelber Saphir, Diamant
11.	Einkommen, Gewinne	gelber Saphir
12.	Institutionen	blauer Saphir

* schützt vor Unfällen und starken Schierigkeiten

Empfohlene Edelsteine zur Stärkung von Körperteilen und zur Anwendung bei den folgenden Gesundheitsproblemen

Rubin	*Körperteile:*	Becken, Fortpflanzungsorgane
	Gesundheitsprobleme:	Krankheiten des rechten Auges, hohes Fieber, Herzkrankheiten, Magenprobleme, Hautkrankheiten, Knochenbrüche, Erkrankungen des Gehirns und des Kopfes, Folgen von Krankheiten der Vergangenheit
rote Koralle	*Körperteile:*	Hand, Schultern, rechtes Ohr, Luftröhre, obere Atemwege, Knie, Gelenke, Knochen
	Gesundheitsprobleme:	Krankheiten durch zu starke Hitze im Körper, Vergiftungen, Schnitte, Wunden, Blutkrankheiten, Juckreiz, Erkrankungen des Magens, Erkrankungen des Knochenmarks, zu hoher oder zu niedriger Blutdruck, Energiemangel, Erkrankungen der weiblichen Organe, Knochenbrüche, Beulen, Tumore, Krebs, Menstruationsbeschwerden, Durchfall
gelber Saphir	*Körperteile:*	Nacken, Hals, rechtes Auge, Zähne, Zunge, Speiseröhre, linkes Ohr, linker Arm, Unterschenkel
	Gesundheitsprobleme:	Leberprobleme, Nierenprobleme, Lungenerkrankungen, Probleme mit den Ohren, Diabetes, Verlust der Erinnerung, Erkrankungen der Zunge, Hüftprobleme, Milzprobleme, Erkrankungen des Oberschenkels
Diamant	*Körperteile:*	Hüfte, Oberschenkel, Knochenmark, Arterien, Herz, Lunge, Brustkorb, Brust
	Gesundheitsprobleme:	Augenprobleme, Geschlechtskrankheiten, Erkrankungen des Gesichts, Erkrankungen der Harnwege, Verdauungsstörungen, Halsschmerzen, Diabetes, Impotenz, Fieber, Erkrankungen der Nervengeflechte
blauer Saphir	*Körperteile:*	Kopf, Gesicht, linkes Auge, lymphatisches System, Füße, Knöchel
	Gesundheitsprobleme:	allgemeine Schwäche, Magenschmerzen, Deformierung von Körperteilen, Karies, Hautkrankheiten, Erkrankungen der Beine, Knochenbrüche, Knochenkrankheiten, Rheuma, Blindheit, Taubheit, mentale Sorgen, Wunden, Probleme mit den Haaren, Lähmungen, Hysterie

Schutz und Heilung durch Mantras und gezielt gelebtes Mitgefühl

Anhand der beiden folgenden Auflistungen kannst du erkennen, wo für deinen Bodyguard der größte Handlungsbedarf besteht, das heißt, welche/n positiven Planeten du vorrangig stärken kannst und welche negativen Planeten du unbedingt transformieren solltest.

Auch funktional positive Planeten bedürfen der Stärkung. Mittels der folgenden Aufstellung kannst du anhand der Auswirkungen schwacher oder angegriffener Planeten erkennen, welche/r deiner Planeten am meisten der Stärkung bedürfen. Diese **funktional positiven Planeten** können mit Hilfe **von allen fünf vedischen Hilfsmitteln gestärkt** werden.

Bestimmung der funktional *positiven* Planeten, die am meisten der Stärkung bedürfen

stärke	in folgenden Situationen
Sonne	gestörtes Eheleben; Verlust der Vitalität und fehlende Willensstärke
Mars	erfolglose Unternehmungen; mangelnder Mut; keine jüngeren Brüder; selbstsüchtig; streitsüchtig
Jupiter	Verlust des Einkommens; keine Freude durch Freunde und ältere Brüder; schwache Leber
Venus	Schwierigkeiten für den Vater und die Ehefrau; Verlust des Komforts
Saturn	Gelenkschmerzen; Atembeschwerden; Rheumatismus; Knochenbrüche; Verlust der Stellung

Und dann geht es um unsere «großen Herausforderer» und damit um die Feststellung des größten Bedarfs an Schutz und Heilung.

Die folgende Auflistung ordnet die funktional negativen Planeten für den *Wassermann*-Aszendenten ihren möglichen Auswirkungen zu. Anhand der Stichworte kannst du herausfinden, welcher Planet in deinem Horoskop zum gegenwärtigen Zeitpunkt am stärksten der Transformation bedarf. Die **funktional negativen Planeten** können **nur** mit Hilfe **von Mantras, Verehrung und aktiv gelebtem Mitgefühl transformiert** werden.

Bestimmung der funktional *negativen* Planeten, die der Transformation bedürfen

transformiere	bei folgenden Problemen
Rahu	Krebs, nicht diagnostizierte Krankheiten, Depressionen, übertriebener Materialismus, lang anhaltende chronische Krankheiten, lang anhaltende Schwierigkeiten
Ketu	schwerwiegende akute Krankheiten, Fieber, nicht diagnostizierte Krankheiten, kurze intensive Schwierigkeiten
Mond	akute Krankheiten, Feindschaften, Schulden, Krankheiten des Herzens und der Lunge, Schläfrigkeit, Krankheiten, die mit Wasser zu tun haben, Schwierigkeiten mit der Mutter oder mit der höheren weiblichen Energie. Schwache Gesundheit; Schulden; Niederlagen; Verlust des mentalen Friedens
Merkur	chronische Krankheiten, übertrieben große Hindernisse im Leben, lebensbedrohliche Krankheiten, Unfälle, Rückschläge, Probleme mit den Nerven, Schwierigkeiten mit Kindern, mittlere Lebenserwartung; Unfälle; schwache Gesundheit; nervös; Verstopfung; Operationen

Aszendent *Fische*

Empfohlene unterstützende Farben

Menschen mit Aszendent Fische besitzen im Allgemeinen ebenso wie die Stier- und die Jungfrau-Aszendenten eine eher schwächere Konstitution. Die Ursache hierfür liegt darin, dass sie neben den für alle Aszendenten geltenden «Übeltätern» Rahu und Ketu drei weitere funktional negative Planeten haben, nämlich Venus als Herrscher des 8. Hauses, die Sonne als Herrscher des 6. Hauses und Saturn als Herrscher des 12. Hauses. Dementsprechend sollte man mit Aszendent Fische die Farben dieser Planeten, das heißt, das Königsblau von Venus, das Orange der Sonne und das Schwarz von Saturn vermeiden. Für ihn zuträgliche Farben sind das kräftige Rot von Mars, das Weiß des Mondes, das Grün von Merkur und das Gelb und die goldene Farbe von Jupiter.

Zur Stärkung seiner allgemeinen Gesundheit und Konstitution sollte ein Fische-Aszendent sich vor allem mit gelben Farbtönen umgeben. Gelb stärkt für ihn auch den beruflichen Lebensbereich und damit sowohl sein Einkommen als auch seinen Reichtum. Einkommen und Reichtum werden zusätzlich durch das kräftige Rot des Planeten Mars gefördert, das auch zur Unterstützung von Familienangelegenheiten und der Ehebeziehung eingesetzt werden kann. Die Ehe, Partnerschaften und Liebesbeziehungen werden ebenso durch das Grün von Merkur, der für den Aszendenten Fische Herrscher des 7. Hauses ist, unterstützt. Auch die Bemühungen, Initiativen und der Mut, eigene Unternehmungen zu starten, lassen sich durch den Einsatz kräftiger roter Farbtöne unterstützen.

Das Weiß des Mondes fördert die kreative Intelligenz, die emotionale Stabilität, die Ausbildung und das Studium und alle Angelegenheiten, die mit Kindern in Zusammenhang stehen. Diese Farbe kann jedoch auch zur Förderung des Wohlergehens der Mutter und der Beziehung zu ihr angewandt werden.

Die Lebensbereiche der Spiritualität, des Dharma, die Beziehung zum Vater und zu seinen Lehrern werden für den Aszendenten Fische ebenfalls durch die Farben von Mars unterstützt.

Mit Hilfe der weißen Farbe lassen sich das Nervensystem, der Magen, die Leber, die Galle, die Blase, die Bauchspeicheldrüse und die Verdauung im Allgemeinen unterstützen. Doch auch im Falle von Herz- und Lungenkrankheiten, Augenproblemen, bei Schläfrigkeit, Asthma,

Durchfall, Vergiftungen, Diabetes und Schwierigkeiten mit dem Blinddarm ist der Einsatz von Weiß zu empfehlen.

Kräftige rote Farbtöne fördern für den Aszendenten Fische neben der Gesundheit des Halses, der Wangen, des rechten Auges, der Zähne und der Speiseröhre vor allem das Blut, den Blutdruck, die Energetisierung des Körpers und die Heilung von Wunden. Sie können sich jedoch auch förderlich auf die Heilung von Tumoren und Krebs auswirken.

Das Grün von Merkur wirkt sich positiv auf die Heilung von Erkrankungen der Fortpflanzungsorgane aus, stärkt jedoch auch die Nerven, den Brustkorb, die Nase, die Knochen und die Psyche. Auch bei Verdauungsstörungen kann die Farbe Grün unterstützend eingesetzt werden.

Gelbe Farbtöne unterstützen die Funktion der Knochen, Gelenke und insbesondere der Knie, helfen jedoch auch bei der Heilung der Leber, der Nieren, der Lungen, der Ohren, von Diabetes, einer Schwäche der Milz, der Hüfte und bei Gedächtnisstörungen.

Zusammenfassung:

Förderliche Farben:
Weiß, Rot, Grün, Gelb

Zu vermeidende Farben:
Orange, Königsblau, Schwarz, Grau und Braun

Empfohlene schützende Edelsteine

Die folgenden Listen geben Aufschluss darüber, welche Edelsteine für den *Fische*-Aszendenten besonders empfohlen werden, um bestimmte Lebensbereiche zu stärken oder speziellen Krankheiten vorzubeugen. Man sieht hier, dass mit der Auswahl eines Edelsteins zugleich mehrere geschwächte Lebensbereiche, Körperbereiche und Dispositionen positiv beeinflusst werden können.

Empfohlene Edelsteine zur Stärkung einzelner Lebensbereiche

Haus	Lebensbereich	Edelstein
1.	Gesundheit	gelber Saphir, Perle, rote Koralle
2.	Familie	rote Koralle
	Reichtum	rote Koralle
3.	Initiativen	rote Koralle
	jüngere Geschwister	rote Koralle
4.	Mutter	Perle
	Häuslichkeit	Smaragd
	Immobilien	Smaragd
	Bildung	Smaragd, gelber Saphir, Perle
5.	Intelligenz	Perle, Smaragd, gelber Saphir
	Kreativität	Perle, Smaragd, gelber Saphir
	Kinder	Perle, Smaragd, gelber Saphir
	Emotionen	Perle
6.	Stärkung mit Edelstein nicht möglich	
7.	Ehe, Partnerschaft	Smaragd
	Liebe	Smaragd
8.	Lebensdauer*	gelber Saphir
9.	Vater	gelber Saphir
	Spiritualität	gelber Saphir
	Fortuna	gelber Saphir
10.	Beruf, Taten	gelber Saphir
	gutes Karma	gelber Saphir
11.	Einkommen, Gewinne	rote Koralle
12.	Stärkung mit Edelstein nicht möglich	

* schützt vor Unfällen und starken Schierigkeiten

Empfohlene Edelsteine zur Stärkung von Körperteilen und zur Anwendung bei den folgenden Gesundheitsproblemen

Perle	*Körperteile:*	Magen, Bauchspeicheldrüse, Verdauungsorgane, Leber, Galle, Darm, Milz, Rückgrat
	Gesundheitsprobleme:	Krankheiten der Lunge und des Herzens, Erkrankung des linken Auges, Schläfrigkeit, Asthma, Durchfall, Blutlosigkeit, Blutvergiftungen, Erkrankungen durch Wasser, Erbrechen, Nierenprobleme, Diabetes, Menstruationsbeschwerden, Blinddarmentzündungen
rote Koralle	*Körperteile:*	Nacken, , rechtes Auge, Zähne, Zunge, Speiseröhre, Hüfte, Oberschenkel, Knochenmark, Arterien
	Gesundheitsprobleme:	Krankheiten durch zu starke Hitze im Körper, Vergiftungen, Schnitte, Wunden, Blutkrankheiten, Juckreiz, Erkrankungen des Magens, Erkrankungen des Knochenmarks, zu hoher oder zu niedriger Blutdruck, Energiemangel, Erkrankungen der weiblichen Organe, Knochenbrüche, Beulen, Tumore, Krebs, Menstruationsbeschwerden, Durchfall
Smaragd	*Körperteile:*	Becken, Fortpflanzungsorgane, Herz, Lunge, Brust, Brustkorb
	Gesundheitsprobleme:	Erkrankungen des Brustkorbes, der Nerven, der Nase, Epilepsie, Probleme mit dem Nabel, hohes Fieber, Vergiftungen, Juckreiz, Knochenbrüche, Typhus, Verrücktheit, Erkrankungen der Gallenblase, Lähmungen, Verdauungsstörungen, Hautkrankheiten
gelber Saphir	*Körperteile:*	Knie, Gelenke, Knochen, Gesicht, Kopf, Gehirn
	Gesundheitsprobleme:	Leberprobleme, Nierenprobleme, Lungenerkrankungen, Probleme mit den Ohren, Diabetes, Verlust der Erinnerung, Erkrankungen der Zunge, Hüftprobleme, Milzprobleme, Erkrankungen des Oberschenkels

Schutz und Heilung durch Mantras und gezielt gelebtes Mitgefühl

Anhand der beiden folgenden Auflistungen kannst du erkennen, wo für deinen Bodyguard der größte Handlungsbedarf besteht, das heißt, welche/n positiven Planeten du vorrangig stärken kannst und welche negativen Planeten du unbedingt transformieren solltest.

Auch funktional positive Planeten bedürfen der Stärkung. Mittels der folgenden Aufstellung kannst du anhand der Auswirkungen schwacher oder angegriffener Planeten erkennen, welche/r deiner Planeten am meisten der Stärkung bedürfen. Diese **funktional positiven Planeten** können mit Hilfe **von allen fünf vedischen Hilfsmitteln gestärkt** werden.

Bestimmung der funktional *positiven* Planeten, die am meisten der Stärkung bedürfen

stärke	in folgenden Situationen
Mond	Probleme mit Nachkommen; Verlust mentalen Friedens; phlegmatisch; Krankheiten der Luftröhre
Mars	durchschnittlicher Status; mangelnde Vitalität; Schmerzen; scharfe Zunge; Zahnprobleme; unharmonisches Eheleben
Merkur	gestörtes Eheleben; Verlust in der Partnerschaft; Schwierigkeiten in der Ferne
Jupiter	uneinträglicher und nicht zufrieden stellender Beruf; geringer Status

Und dann geht es um unsere «großen Herausforderer» und damit um die Feststellung des größten Bedarfs an Schutz und Heilung.

Die folgende Auflistung ordnet die funktional negativen Planeten für den *Fische*-Aszendenten ihren möglichen Auswirkungen zu. Anhand der Stichworte kannst du herausfinden, welcher Planet in deinem Horoskop zum gegenwärtigen Zeitpunkt am stärksten der Transformation bedarf. Die **funktional negativen Planeten** können **nur** mit Hilfe **von Mantras, Verehrung und aktiv gelebtem Mitgefühl transformiert** werden.

Bestimmung der funktional *negativen* Planeten, die der Transformation bedürfen

transformiere	bei folgenden Problemen
Rahu	Krebs, nicht diagnostizierte Krankheiten, Depressionen, übertriebener Materialismus, lang anhaltende chronische Krankheiten, lang anhaltende Schwierigkeiten
Ketu	schwerwiegende akute Krankheiten, Fieber, nicht diagnostizierte Krankheiten, kurze intensive Schwierigkeiten
Sonne	akute Krankheiten, Feindschaften, Schulden, Probleme mit dem Vater, Probleme mit dem Kopf, Probleme mit dem Herzen, Probleme, die aus vorangehenden Krankheiten resultieren. Verluste durch Streit; Verlust der Gesundheit und Vitalität; Schulden
Venus	chronische Krankheiten, übertrieben große Hindernisse im Leben, lebensbedrohliche Krankheiten, Unfälle, Rückschläge, Augenprobleme, Geschlechtskrankheiten, Schwierigkeiten bei der Auseinandersetzung mit der weiblichen Energie. Fehlende Körperkraft und Vitalität; kein körperlicher Genuss; Hämorrhoiden; schwache Verdauung
Saturn	Verluste in allen Lebenslagen, Rheumatismus, Erkrankungen der Gelenke und Knochen, Arthrose, Muskelschmerzen, Taubheit, Blindheit, Knochenbrüche, Verfall der Zähne, Schwäche, degenerative Prozesse, Abscheu vor dem Alter. Mittlere Lebensdauer; schwache physische Struktur; Rückenschmerzen; Verlust sexueller Freuden; hohe Ausgaben für die Gesundheit

Das Gesetz des Karma

In welchem Maße kann man sein Schicksal beeinflussen?

Der vedischen Astrologie liegt wie der ganzen vedischen Kultur ein tiefes Verständnis des Kausalgesetzes in Bezug auf das menschliche Handeln zugrunde, das als das Gesetz des Karma bezeichnet wird. Die Grundaussage des Karma-Gesetzes lautet, dass jede Handlung eine gleich große entgegengesetzte Reaktion zur Folge hat. Der Sinn dieses Naturgesetzes wird erst deutlich, wenn man die tiefer liegenden Zusammenhänge betrachtet, die das menschliche Handeln bestimmen.

Jede Handlung ist Ausdruck eines bestimmten Bewusstseins. Entscheidend für die Qualität des Handelns ist die Intention, die der Handelnde in seine Tätigkeit hineinlegt. Durch das Gesetz des Karma wird man mit der gleichen Intention, die man selbst durch sein Handeln nach außen trägt, von außen her konfrontiert. Diese Konfrontation ist nicht in erster Linie als Bestrafung gedacht, sondern als Möglichkeit, sein Bewusstsein daran zu korrigieren. Alles, was einem im Leben widerfährt, ist somit eine Folge beziehungsweise ein Ausdruck des eigenen Bewusstseins, aus dem heraus man seine Umgebung selbst mitgestaltet hat. Vor allem das Leid, das wir im Leben erfahren, konfrontiert uns daher mit den Schattenseiten unseres eigenen bedingten Wesens und Bewusstseins. Die Auseinandersetzung mit den Hintergründen und Ursachen dieses Leids stellt damit auch den Schlüssel zur Transformierung dieser Schattenseiten dar.

Das Lebewesen ist von seiner ursprünglichen Natur her eine ewige spirituelle Seele, die sich in dieser materiellen Welt immer wieder verkörpert, bis sie zu ihrem spirituellen Bewusstsein zurückfindet. In dem natürlichen spirituellen Bewusstsein der Seele identifiziert sie sich nicht mehr mit ihrem materiellen Körper oder Geist, sondern sieht sich als ewigen spirituellen Teil Gottes, dessen wesensgemäße Aufgabe darin besteht, Gott zu dienen.

Von diesem reinen Zustand trennt sich die Seele selbst durch ihre materiellen Wünsche, Ängste und falschen Identifikationen. Wenn wir aus diesem materiellen Bewusstsein heraus handeln, stellt uns das Gesetz des Karma immer wieder durch das, was uns widerfährt, wie uns andere Lebewesen behandeln und durch das Glück und Leid, das wir erfahren, unser eigenes Inneres im Äußeren gegenüber.

Der Zeitpunkt unserer Geburt entspricht von seiner Qualität her exakt unserem derzeitigen Bewusstseinszustand und enthält bereits die gesamte Information, wie sich unser Leben unseren vorangehenden Handlungen entsprechend entfalten wird. Gleichzeitig besitzt die Seele jedoch einen freien Willen, der es ihr erlaubt, sich in jedem Moment im Rahmen der ihr gewährten Freiheit zu entscheiden, wie sie ihren Weg in der Zukunft gestalten möchte. Diese Freiheit kann der Seele nicht genommen werden. Sie kann sich jedoch auch dafür entscheiden, ihre eigene Freiheit an die materielle Energie zu verkaufen. Ebenso wie sich ein Mensch vollständig in eine Beziehung der Abhängigkeit hineinbegeben mag, in der jemand anderes jede Kleinigkeit für ihn entscheidet, kann die Seele ihre eigene Entscheidungsgewalt an die materielle Energie abgeben. In dem Maße, wie sich die Seele mit dem materiellen Geist und ihrem Körper identifiziert, verzichtet sie auch auf ihre ursprüngliche spirituelle Freiheit, selbst auf ihr Leben einen Einfluss auszuüben. Paradoxerweise nimmt die materiell bedingte Seele ihre eigene Unfreiheit nicht einmal wahr, sondern glaubt nach wie vor, der Handelnde und Entscheidende in ihrem Leben zu sein. Ihre Freiheit reduziert sich in einer solchen bedingten Lebenssituation jedoch auf die Wahl zwischen Marlboro oder West. Die Freiheit der Seele im materiellen Bewusstsein ist tatsächlich Illusion.

Letztlich beginnt die Seele, ihre Freiheit zu nutzen, wenn sie das Gefühl entwickelt, durch die Materie zu stark eingeschränkt zu sein und sich nach ihrer spirituellen Unabhängigkeit sehnt. Je mehr sich die Seele dann Gott zuwendet, umso stärker erwacht ihr ursprüngliches spirituelles Bewusstsein wieder und sie sieht die wahren Alternativen im Leben. Sie erkennt, dass es nicht darum geht, die materiellen Lebensumstände zu verbessern und dass das materielle Leben letztlich vollständig nach der Planung Gottes abläuft. In dem Maße, wie sie sich bewusst unter die Führung Gottes begibt, ist sie nicht weiter den materiellen Naturgesetzen und dem Gesetz des Karma unterworfen. Erkennt sie, dass sie von gleicher Natur ist wie Gott, so untersteht sie direkt seiner Führung und seinem Schutz. Für eine derart erwachte Seele gibt es keinen Grund, in dieser Welt wieder geboren zu werden, da sie auf ihr Handeln keine Reaktionen mehr zu erleiden hat, denn ihr Handeln geht direkt in die Transzendenz ein.

Das vedische Wissen verbindet daher jeden Aspekt des menschlichen Lebens mit dessen spirituellem Ziel. Die Lösungen, die es dem Menschen zur Bewältigung seiner Alltagsprobleme anbietet, sollen ihn gleichzeitig seinem spirituellen Lebensziel ein Stückchen näher bringen.

Hier stellt sich nun die Frage, inwieweit man den äußeren Verlauf seines materiellen Lebens überhaupt beeinflussen kann. Welche Dinge stehen in unserem Leben bereits zur Zeit der Geburt fest und welche können wir durch den Gebrauch unserer Freiheit in der Gegenwart beeinflussen? Tatsächlich soll sich ja bereits das ganze Leben aus dem Horoskop ablesen lassen. Was können wir da überhaupt noch verändern?

Die Antwort hierauf geben die Veden selbst. Es werden drei Arten von Karma, das heißt Reaktionen auf unsere vorhergehenden Handlungen unterschieden: *dridha-karma, adridha-karma* und *dridha-adridha-karma.*

Dridha-karma sind Reaktionen, auf die drei oder mehr als drei unabhängige Faktoren unseres Horoskops hinweisen. Solche Dinge sind so gut wie unabwendbar. Nur Gott selbst könnte in solchen Fällen den unvermeidlichen Verlauf abändern. Ein Mensch kann bereits die Veranlagung zu einer bestimmten Krankheit besitzen, die von vier verschiedenen Faktoren im Horoskop bestimmt wird. In einem solchen Fall können Korrekturmaßnahmen nur zur Linderung der Folgen führen, die Krankheit jedoch nicht verhindern.

Adridha-karma sind Reaktionen, auf die nur ein einzelner Hinweis im Horoskop besteht. Solche Reaktionen sind möglich und werden sich manifestieren, wenn der Mensch nicht seinen freien Willen benutzt, um sie abzuwenden. Erkennt ein Mensch jedoch einen solchen Kausalzusammenhang und ergreift die geeigneten Korrekturmaßnahmen, kann er sich dafür entscheiden, dass er dieses spezielle Karma nicht mehr braucht, sondern dass er die damit verbundene Lektion lernt, ohne das bevorstehende Leid erfahren zu müssen. Um solche Reaktionen des Karma abzuwenden, reicht es im Allgemeinen, wenn man für 41 Tage eine geeignete Kombination von Korrekturmaßnahmen (Zahlen-Kavaca, Mantra-Rezitation und Verehrung des entsprechenden Dashavatara und/oder die geeignete Hilfeleistung) ausführt.

Die dritte Art von Karma wird *dridha-adridha* genannt und ist eine Zwischenstufe der beiden bereits beschriebenen Formen. Weisen im Horoskop zwei voneinander unabhängige Faktoren auf das gleiche Ereignis oder die gleiche Entwicklung hin, so gilt ihr Eintreffen als wahrscheinlich. In einem solchen Fall bedarf es einer entschlossenen langfristigeren Bemühung, um den Verlauf der Dinge positiv zu beeinflussen. Hierzu muss man zunächst die verursachenden Faktoren erkennen und den Entschluss fassen, sich selbst so weit zu ändern beziehungsweise zu transformieren, dass man das Eintreten der karmischen Reaktionen als Entwicklungspotenzial nicht mehr braucht. Die Korrekturmaßnahmen, die dazu führen, müssen im Allgemeinen mit sehr großer Intensität und gleichzeitig über einen langen Zeitraum (150 oder 280 Tage oder ein Leben lang) ausgeführt werden.

Anhang

Fallgeschichten

Das in diesem Buch beschriebene System wird in seinem Ursprungsland Indien bereits seit Tausenden von Jahren mit Erfolg angewandt. Jeder einzelne Fall ist jedoch ein individuelles Beispiel, das zwar als Inspiration, jedoch nicht als ein Muster angesehen werden kann, welches man einfach nachahmen könnte. Um die Wirkung der vorgeschlagenen Korrekturmaßnahmen zu illustrieren, seien an dieser Stelle einige Beispiele angeführt, ohne jedoch zu sehr ins Detail der einzelnen Fälle zu gehen.

Chronische Gelenkbeschwerden

Eine circa fünfundvierzigjährige Frau mit Aszendent Krebs litt seit vielen Jahren unter chronischen Gelenkbeschwerden, die von den Ärzten als eine fortschreitende Arthrose diagnostiziert wurden. Trotz vielfältiger therapeutischer Maßnahmen stellte sich keine wesentliche Besserung des Zustandes ein.

Eine Analyse ihres Horoskops ergab, dass Saturn, der beim Aszendenten Krebs das 8. Haus beherrscht und damit zum verursachenden Faktor für schwerwiegende chronische Krankheiten werden kann, einen exakten negativen Einfluss auf das 10. Haus und den dort befindlichen Mond ausübt. Da der Mond beim Aszendenten Krebs der Herrscher des Aszendenten ist und das 10. Haus die Gelenke und vor allem die Knie repräsentiert, führt der Angriff des negativen Saturn in diesem Fall zu chronischen Gelenkproblemen. Gleichzeitig ist der Mond jedoch auch der natürliche Signifikator für den Geist, sodass der Planet Saturn durch seinen Angriff auf den Mond auch die Ursache häufiger Depressionen und anderer schwerwiegender Gemütsverstimmungen ist.

Der betroffenen Person wurde empfohlen, das dem Aszendenten Krebs entsprechende Zahlen-Kavaca zu einem günstigen Zeitpunkt anzulegen und Maßnahmen zur Transformierung der negativen Energie von Saturn zu treffen. Sie führte daraufhin regelmäßig die Verehrung von Kurmadeva durch, dem spirituellen Herrscher des Planeten Saturn, und erfuhr in beiden Problembereichen eine deutliche Besserung. Da der Planet Saturn gleichzeitig das 2. und 5. Haus angriff, beobachtete sie auch in den diesen Häusern entsprechenden Lebensbereichen (Emotionen, Einkommen) eine merkliche Verbesserung.

Hoher Blutdruck und berufliche Schwierigkeiten

In diesem Beispiel einer Frau mit Aszendent Skorpion verursachten die beiden funktionalen «Übeltäter» Mars und Venus starke Angriffe auf die beiden wichtigen Planeten Sonne und Mond. Beide hängen mit dem Herzen zusammen. Da auch das 4. Haus, das ebenfalls mit dem Herzen in Resonanz steht, durch den Angriff von Rahu und Ketu betroffen ist, hatte die Frau bereits mit 16 Jahren unter zu hohem Blutdruck und Herzattacken zu leiden. Auch stellten sich bald finanzielle und berufliche Probleme ein.

Ihr wurde vorgeschlagen, ein Kavaca zur Stärkung der positiven Planeten zu tragen und strikt darauf zu achten, keine Kleidungsstücke mit blauen (Venus), roten (Mars), grauen (Rahu) und braunen (Ketu) Farben zu tragen. Zusätzlich führte sie wohltätige Handlungen zur Transformation der negativen Energien von Mars, Venus, Rahu und Ketu aus.

Als Resultat dieser Maßnahmen verbesserten sich ihre gesundheitlichen Probleme wesentlich und auch ihre berufliche Situation entwickelte sich sehr vorteilhaft.

Verbesserung der finanziellen Situation

Um die finanzielle Situation eines Menschen zu beurteilen, betrachtet man die Stärke der Planeten Sonne, Merkur, Venus und Jupiter. Im vorliegenden Beispiel leidet der Merkur unter dem starken Angriff von Rahu und Ketu. Die betreffende Person hat als Aszendent das Zeichen Löwe, sodass der Mond als Herrscher des 12. Hauses der schwerwiegendste funktionale «Übeltäter» ist. Der Mond greift wiederum Saturn an, dessen Schwäche sich auf weitere Planeten, wie beispielsweise Mars, überträgt. Die generelle Schwäche aller Planeten und die spezifische Schwäche von Merkur führte dazu, dass die betroffene Person sich wirtschaftlich nicht etablieren konnte. Hinzu kommt in diesem Fall die Schwächung des 2. Hauses, das beim Löwen sowohl das Vermögen als auch das Einkommen und den beruflichen Status beherrscht.

Der betroffenen Person wurde empfohlen, ein Kavaca zur Stärkung der geschwächten positiven Planeten zu tragen und gleichzeitig an einem günstigen Zeitpunkt mit Maßnahmen zu beginnen, um die negativen Energien von Rahu, Ketu und Mond transformieren. Sie legte zu einem glückverheißenden Zeitpunkt das Kavaca an und begann, älteren Frauen und Männern, die sich in Not befinden (Mond und Rahu), und Heiligen (Ketu) wohltätige Dienste zu leisten. Bereits in kurzer Zeit verbesserte sich die geschäftliche und damit auch finanzielle Situation wesentlich und stabilisierte sich seitdem mehr und mehr.

Kleine Maßnahme – große Wirkung

In diesem Beispiel erzielte eine kleine wohlbedachte Maßnahme ein umfassendes und nachhaltiges Ergebnis. Dies betrifft einen jungen Mann, der sich in vielerlei Hinsicht in Schwierigkeiten befand. Seine geschäftlichen Tätigkeiten hatten ihn in eine problematische Situation gebracht, was ihm seine mentale Ausgeglichenheit raubte und zu Depressionen führte. Gleichzeitig litt seine allgemeine gesundheitliche Verfassung.

Als Korrekturmaßnahme legte er einen einfachen, in Gold gefassten Rubinring am Zeigefinger der rechten Hand an, und zwar zu einem auf die Minute genau berechneten Zeitpunkt. Der Rubin wurde zuvor Narasimhadeva geweiht, sodass er von spiritueller Kraft erfüllt war. Dieser Stein kräftigt die Sonne, und da er Narasimhadeva geweiht wurde, stärkt er auch den Planeten Mars.

Hierdurch ausgelöst geschahen innerhalb von wenigen Tagen in verschiedenen Lebensbereichen Dinge, die zur Klärung der Schwierigkeiten führten. Die problematische geschäftliche Situation löste sich vollständig auf und auch die Ursachen der Depressionen wurden plötzlich offenbar. Da Angriffe durch feinstoffliche Wesen sich als Ursache für die mentalen und gesundheitlichen Probleme zeigten, führte der Betreffende drei Tage lang eine intensive Verehrung Narasimhadevas durch, die von der Rezitation seines Mantra begleitet wurde, was dazu führte, dass das Problem bereits am dritten Tag vollständig gelöst war und seither nicht wieder aufgetreten ist.

Ringe mit Edelsteinen können eine sehr große Wirkung haben, vor allem dann, wenn sie gezielt ausgewählt sind, zum richtigen Zeitpunkt angelegt werden und dem entsprechenden Dashavatara geweiht sind.

Psychische Probleme

Der Einfluss funktional negativer Planeten auf den Mond kann schwerwiegende psychische Probleme verursachen. Bei einem jungen Studenten führten sie dazu, dass er sich in psychiatrische Behandlung begeben und sein Studium abbrechen musste. Weder die psychiatrische Behandlung noch alternative feinstoffliche Therapien halfen ihm weiter. Bei der Analyse seines Horoskops wurde offensichtlich, dass der obligatorische «Übeltäter» Ketu den Mond angreift und dass der Einfluss des funktional negativen Planeten Saturn auf den Mond extreme Konzentrationsstörungen und psychische Probleme hervorruft. Dem Studenten wurde empfohlen, die negativen Energien von Saturn durch die entsprechende Verehrung Kurmadevas und wohltätige Dienste an alten bedürftigen Menschen ins Positive umzuwandeln. Als Folge hiervon stabilisierte sich seine psychische Situation schnell.

Gerade psychischen Problemen und Erkrankungen, deren Ursachen vor allem im feinstofflichen und mentalen Bereich liegen, kann mit den in diesem Buch beschriebenen Korrekturmaßnahmen besonders effektiv entgegengewirkt werden. Je aktiver ein Mensch sich hierbei einsetzt und je mehr Aufmerksamkeit den jeweiligen Maßnahmen geschenkt wird, desto stärker entfalten sie ihre Wirkung. Am besten lassen sie sich jedoch einsetzen, um Erkrankungen vorzubeugen beziehungsweise nach erfolgter Heilung einer Wiedererkrankung vorzubeugen.

Schwere Depressionen und Gelenkschmerzen

Ein schönes Beispiel für die Wirksamkeit einfacher vedischer Hilfsmittel im psychischen oder mentalen Bereich bildet auch der Fall einer Frau in Süddeutschland, die seit Jahren unter Depressionen und Gelenkschmerzen litt, für die kein Arzt eine Ursache oder Therapie finden konnte. Selbst nach der Durchführung von Vasati-Korrekturen im Wohnraum wurde keine nennenswerte Verbesserung erzielt. Die verursachenden Planeten im Horoskop der Frau sind vor allem die beiden Schattenplaneten Rahu und Ketu, wobei Ketu im Aszendenten steht und Rahu im 7. Haus und von dort aus insgesamt sechs Häuser negativ beeinflussen. Mit dem Anlegen des silbernen Zahlen-Kavaca für ihren Aszendenten begann sie an einem günstigen Zeitpunkt mit der Rezitation des Mantra zur Verehrung Matsyadevas, dem spirituellen Herrscher Ketus, um dessen Einfluss auf den Aszendenten sowie das 5., 7. und 9. Haus ins Positive zu transformieren. Schon nach kurzer Zeit ließen die Depressionen und auch die Schmerzen fast vollständig nach. Da die meisten Krankheiten und Probleme ihre Ursache im psychischen oder feinstofflichen Bereich haben, sind hierfür vedische Hilfsmittel in jedem Fall angeraten.

Krebs

Prof. Choudhry und seine Mitarbeiter haben in langjährigen Studien die Entsprechung für Krebserkrankungen im Horoskop eines Menschen entdeckt. Demzufolge verursacht ein starker Angriff von Rahu und Ketu auf einen geschwächten Planeten, der sich zusätzlich in einem der drei negativen Häuser (6, 8 und 12) befindet, die Bildung von Tumoren in Teilen des Körpers, die mit den Indikationen des angegriffenen Planeten und des Tierkreiszeichens zusammenhängen, wo er platziert ist.

Nach der Auswertung einer großen Anzahl von Horoskopen zeigte sich, dass in Fällen, wo die oben genannten Kombinationen gegeben waren, eine Krebserkrankung mit großer Sicherheit auftrat. Gerade hier erwies sich jedoch die Anwendung der beschriebenen vedischen Hilfsmittel als besonders effektiv. In den meisten Fällen konnte durch das Anlegen eines entsprechenden Zahlen-Kavaca und die Durchführung der angemessenen Formen von Verehrung und Hilfeleistung die Erkrankung vermieden werden. Bei bereits eingetretenen Erkrankungen erwiesen sich die Korrekturmaßnahmen zwar ebenfalls als hilfreich, konnten zumeist jedoch nur die Effektivität durchgeführter medizinischer Therapien unterstützen.

Die Schlussfolgerung hieraus lautet, dass die vedisch-spirituellen Korrekturmaßnahmen sich sehr gut zur Vorbeugung von Krebserkrankungen eignen und in Einzelfällen auch bei bereits erfolgter Erkrankung zumindest zur Heilung beitragen. Beispielsweise begann eine an Krebs erkrankte Frau, die von den Ärzten bereits aufgegeben worden war, mit der Rezitation des Krishna-Mantra, was dazu führte, dass sich die Tumore in kurzer Zeit zurückbildeten. In jedem Falle ist das Aufnehmen einer solchen spirituellen Praxis bei lebensbedrohlichen Erkrankungen hilfreich, selbst wenn sie nicht zur Heilung führen. Sie helfen dem Menschen dabei, den Prüfungen des Lebens zu begegnen und seine eigentliche unverletzliche Identität als spirituelle Seele zu verwirklichen.

Die hier vorgeschriebenen Maßnahmen sind als Vorbeugung sehr effektiv, können aber in fortgeschrittenen Stadien der Krankheit zumeist nur eine kleine Hilfestellung leisten. Nach erfolgter Heilung ist es jedoch sinnvoll, mit den Maßnahmem fortzufahren, um einem erneuten Ausbruch der Krankheit vorzubeugen.

Spiritueller Schmuck als zusätzliches Hilfsmittel

Die Göttin

Hilfsmittel zum Schutz der Planeten können nicht nur wirkungsvoll, sondern auch sehr schön sein. Hieraus hat sich das Konzept des spirituellen Schmucks der Designerin Amrita Becks entwickelt.

Auf Ibiza entdeckte die Künstlerin in dem 3.000 Jahre alten Marmorabbild einer Göttin, das dort seit Jahrhunderten in einer Höhle verborgen war, eine weibliche Urform, die sie sofort in ihren Bann zog. Eine große Überraschung erwartete sie in Sri Lanka, wo sie diese Form in einer Schmuckmanufaktur in Silber fertigen lassen wollte. Sie traute kaum ihren Augen, als sie über dem Verkaufstresen ein handgesticktes Bild der gleichen Göttin sah, die sie als Zeichnung bei sich trug. Das Bild sei von einer uralten Bewohnerein eines benachbarten Dschungeldorfes gestickt worden, wurde ihr berichtet.

Die Venus von Ibiza

Nach Ansicht der Wissenschaftler soll die *Venus von Ibiza* ihren Ursprung im Iran haben, doch handelt es sich dabei offensichtlich um eine archetypische Urform, die kulturübergreifend das Weibliche, die ursprüngliche Kraft der Venus repräsentiert.

Die links wiedergegebene Abbildung ist ein Foto der von Amrita Becks* künstlerisch in Silber und feinem Gold nachempfundenen Venus, die sich als Anhänger um den Hals tragen lässt. Dieses Schmuckstück besitzt den transformierenden Einfluss der Venus und kann daher von jedem ungeachtet der funktionalen Natur seiner Venus im Geburtshoroskop getragen werden. Für viele Menschen, welche die Göttin als Schmuck tragen, haben dadurch wichtige Entwicklungsprozesse begonnen, die mit der Transformation der Venus-Energie zusammenhängen.

Die geometrische Form der Göttin setzt sich aus zwei einander durchdringenden und ineinander verschmelzenden Dreiecken zusammen und ist daher das Ursymbol der Vereinigung der weiblichen und männlichen Seite der Schöpfung und der Seele.

Der Schöpfungsstern

Auch beim Tragen von Edelsteinen sind der Phantasie keine Grenzen gesetzt. Sie können in einfache oder kunstvoll gestaltete Ringe eingefasst oder mit einer Kette am Hals getragen werden. Amrita Becks hat edle Steine in ein kosmisches Ursymbol eingefasst, damit sie als Anhänger zu tragen sind.

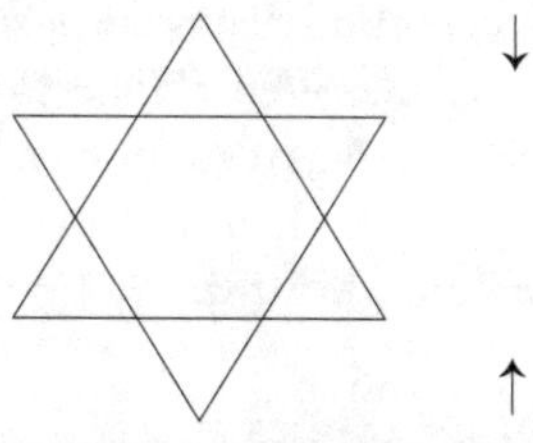

Zwei einander durchdringende Dreiecke

Auch dieses Symbol ist von kulturübergreifender Bedeutung. In Indien symbolisiert es sowohl den Schöpfungsprozess als auch die spirituelle Wirklichkeit. Der Stern besteht aus zwei Dreiecken, die Shiva (von oben) und Shakti (von unten), den männlichen und den weiblichen Pol der Schöpfung, repräsentieren. In ihrer Durchdringung oder Vereinigung

* Wenn du Interesse am Schmuck von Amrita Becks hast, kannst du mich kontakten. Meine Adresse findest du im Anhang.

findet die Schöpfung der materiellen Welt statt. In vielen traditionellen Yantras bildet dieses Symbol den Rahmen für die spezifischen Symbole, Zahlen und Mantras der dargestellten Gottheiten. Die folgende Abbildung zeigt beispielsweise ein Jupiter-Yantra, in dem ebenfalls der Stern als geometrisches Symbol enthalten ist.

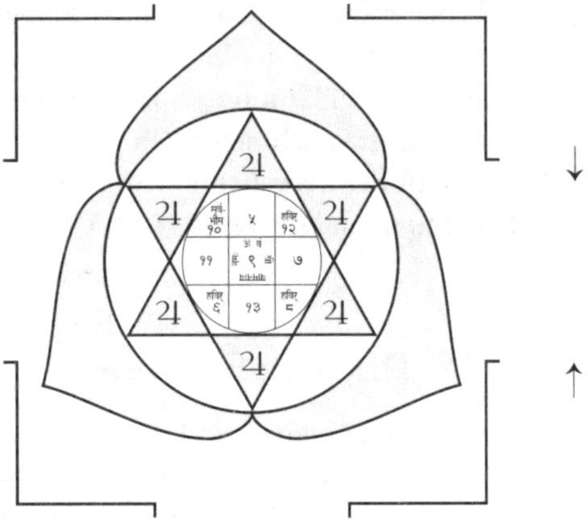

Jupiter-Yantra

Fasst man einen Edelstein in einen solchen Sechsstern ein, so wird dadurch die Kraft des Steins und damit die positive Wirkung des mit ihm in Resonanz stehenden Planeten aktiviert und in seinen spirituellen Urbezug gestellt. Seine Resonanz zu unseren Chakren und damit unserem feinstofflichen energetischen System wird gefördert, sodass eine nachhaltige Wirkung erreicht wird.

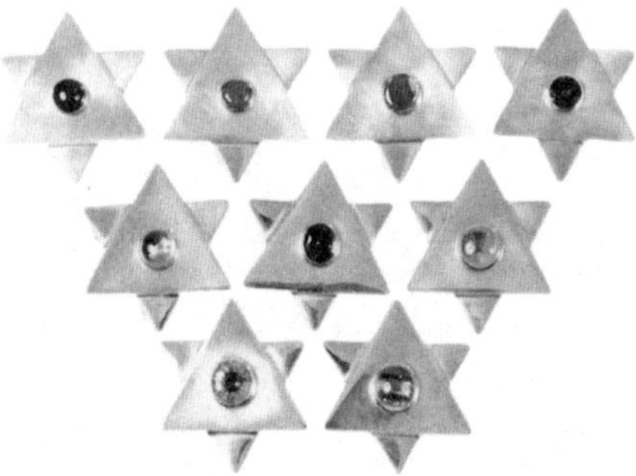

In Silber gefasste Steine zur Stärkung der Planeten

Zusätzliche Hilfsmaßnahmen durch Vasati

Schutz durch die Energien des Wohnraumes

Das Haus oder die Wohnung des Menschen ist wie ein kleines Universum, in dem all die Einflüsse und Kräfte gegenwärtig sind und wirken wie auch im großen Universum. Jede Himmelsrichtung wird von einem der neun Planeten beherrscht und ebenso trägt jeder Aspekt eines Hauses oder einer Wohnung eine bestimmte Kombination von Planetenenergien in sich. So besitzt ein Kinderzimmer beispielsweise die Energien der Planeten Jupiter und Merkur, während das Schlafzimmer der Eltern von den Energien der Venus beherrscht wird. Der Abstellraum verkörpert den Einfluss des Saturn und die Küche die feurige Energie des Mars. Diese Einflüsse ergeben zusammen ein komplexes System aktiver energetischer Planetenkräfte, die von der Wohnung aus auf ihre Bewohner ausgeht. Da man am Tag bis zu 24 Stunden in seiner Wohnung beziehungsweise in seinen Büro- oder Arbeitsräumen verbringt, besteht hierin ein wesentlicher zusätzlicher Einfluss, der bei Schutz und Stärkung des Aszendenten auf keinen Fall vernachlässigt werden darf.

Jemand mit Aszendent Krebs besitzt beispielsweise einen Saturn mit negativen funktionalen Eigenschaften. Wenn in der Wohnung des Betreffenden nun ein großer Abstellraum mit viel Gerümpel im Osten platziert ist, so entspricht dies einem zusätzlichen starken Einfluss des Planeten Saturn auf den Aszendenten des Bewohners, was seine Gesundheit sehr negativ beeinflussen kann. Daher sollte die Einrichtung der Wohnung möglichst in Abstimmung mit dem Geburtshoroskop der Bewohner erfolgen, um einen maximalen positiven Einfluss der Planetenkräfte des Wohnraumes auf alle Bewohner zu erzielen.

Vasati, die indische Wissenschaft vom richtigen Wohnen, ist neben der Anwendung energetischer physikalischer und geometrischer Prinzipien für die Planung von Häusern vor allem für die Anwendung astrologischer Prinzipien auf den Wohnraum des Menschen von Bedeutung. Im Vasati gibt es eine Vielzahl hochwirksamer energetischer Hilfsmittel, die eventuelle energetische Mängel des Wohnraumes ausgleichen können. Diese Hilfsmittel beruhen auf den gleichen Grundsätzen, die auch den Maßnahmen dieses Buches zugrunde liegen, da es sich letztlich um ein umfassendes ganzheitliches System handelt, das direkt auf den Menschen, auf ein Haus oder auch auf eine ganze Gesellschaft von Menschen oder eine Landschaft angewendet werden kann.

Die folgende Aufzählung stellt die wichtigsten energetischen Mängel des Hauses nach Vasati zusammen und listet die wirkungsvollsten Hilfsmittel auf:

Zuordnung von Vasati-Mängeln zu vedischen Hilfsmitteln

1. *Toilette, Abstellraum oder Müll im Nordosten oder Nordosten völlig blockiert* – Krebs, Diabetes, Leberkrankheiten, Unfruchtbarkeit, Lernstörungen, Energiemangel – Shri-Yantra – Meru-Chakra jeweils im Nordosten

2. *Norden geschlossen oder mit Toilette oder Abstellraum verstellt* – finanzielle Verluste, Energielosigkeit, Unfruchtbarkeit, schwaches Immunsystem, schwache Bronchien und Lunge – Shri-Yantra im Norden – Meru-Chakra im Nordosten des Nordens

3. *Osten geschlossen oder mit Abstellraum oder Müll belastet* – Herzprobleme, Karriere behindert, finanzielle Probleme, Wirbelsäulenprobleme – Shri-Yantra im Osten – Meru-Chakra im nordöstlichen Osten

4. *Süden sehr offen mit großen Fenstern* – Verluste im finanziellen Bereich, Aggressionen, energetische Schwäche – Narasimha-Yantra im Süden und Shri-Yantra gegenüber im gleichen Raum

5. *Westen sehr offen mit großen Fenstern* – Verzögerungen, Depressionen, degenerative Prozesse, Knochenprobleme – Kurma-Yantra im Westen und Shri-Yantra im Osten, Meru-Chakra im Nordosten

6. *Südwesten sehr offen mit großen Fenstern, Fehlbereich, Wasser oder Erweiterung im Südwesten* – Unfälle, Herzprobleme, starke negative Energien, existenzielle Sorgen, mentale Probleme – Varaha-Yantra im Südwesten und Shri-Yantra im Nordosten, besser Varaha-Yantra im Südwesten und Meru-Chakra im Nordosten

7. *Mitte des Hauses nicht frei* – Energiefluss im Haus belastet – Vasati-Pyramide

8. *Fehlbereich oder Erweiterung im Nordwesten oder Südosten* – Beziehungsprobleme, Infektionen, Atembeschwerden, mentale Probleme,

Depressionen – Parashurama-Yantra im Südosten und Krishna-Yantra im Nordwesten

Generelle Korrekturmaßnahmen für jeden Fall mit grundlegenden energetischen Mängeln nach Vasati:

- Meru-Chakra im Nordosten des Hauses ist immer empfohlen
- Bei schwerwiegenden Mängeln ist eine Vasati-Pyramide im Bereich der Hausmitte sehr förderlich
- Shri-Yantra über dem Eingang und Shri-Yantra im Norden

Hierbei werden als vedische Hilfsmittel hauptsächlich das Meru-Chakra, die Vasati-Pyramide, das Shri-Yantra und die Yantras der Dashavataras verwendet, die wir bereits aus dem Kapitel «Mantras – Heilung und spirituelles Bewusstsein durch Transformation» (siehe Seite 75 f.) kennen.

Shri-Yantra

Das Shri-Yantra ist eine komplexe geometrische Anordnung von neun einander durchdringenden Dreiecken, in denen mehrfach der goldene Schnitt und andere harmonische und physikalisch relevante Proportionen verwirklicht sind. Der amerikanische Physiker Patrick Flanagan bezeichnete das Shri-Yantra als »König der Kraftsymbole». In seiner dreidimensionalen Darstellung wird es als Meru-Chakra bezeichnet und seit Jahrtausenden zur Korrektur gestörter Wohnraumenergien eingesetzt.

Meru-Chakra

Das Meru-Chakra kann vor allem bei einem blockierten oder fensterlosen Norden, Nordosten oder Osten im Nordosten des Hauses aufgestellt werden, wobei es in Richtung Ost-West ausgerichtet werden sollte, um eine maximale Wirkung zu erzielen. Von dort aus wirkt es harmonisierend und energetisierend auf den gesamten Wohnraum. Die starke energetische Wirksamkeit des Meru-Chakra liegt sowohl in seiner exakten geometrischen Ausführung als auch in der gezielten Auswahl edler Metalle begründet – einer Kombination, die historisch gesehen wohl einmalig ist.

Während das Meru-Chakra energetische Mängel nach Vasati auf der energetischen Ebene ausgleicht, wurde eine spezielle Vasati-Pyramide entwickelt, die Mängel auf der Informationsebene korrigiert. Sie beruht ebenso wie das Meru-Chakra auf einer exakten Geometrie, enthält jedoch zusätzlich zehn Yantras als Informationssymbole, deren Wirkung durch eine Glaspyramide verstärkt wird.

Vasati-Pyramide

Vor allem durch die kombinierte Anwendung des Meru-Chakra und der Vasati-Pyramide können größere Mängel im Sinne des Vasati sowohl auf der Energie- als auch auf der Informationsebene korrigiert werden.

Bei tiefer gehendem Interesse empfehle ich dem Leser meine Bücher zum Thema Vasati und Vastu*.

* siehe „Literaturhinweise", Seite 211 f.

Die Aszendenten-Tabellen

Mit den Graphiken der nächsten zwölf Seiten kannst du mit ziemlicher Genauigkeit den Aszendenten eines bestimmten Zeitpunktes für den deutschsprachigen Bereich ermitteln. Die Werte sind für Eisenach im Zentrum Deutschlands berechnet, sodass für andere Orte innerhalb der mitteleuropäischen Zeitzone eine Korrektur der jeweiligen Geburtszeit um ein paar Minuten vorgenommen werden muss.

Alles, was du dazu benötigst, ist beispielsweise ein Schulatlas, in dem Längen- und Breitengrade eingezeichnet sind.

1. Für Orte **östlich** von Eisenach sind jeweils 4 Minuten pro Längengrad Unterschied zur tatsächlichen Uhrzeit zu **addieren**, während für Orte **westlich** von Eisenach jeweils 4 Minuten pro Grad **subtrahiert** werden müssen.

2. Für Orte **südlich** von Eisenach müssen pro Breitengrad Unterschied 5 Minuten zur Geburtszeit **addiert** werden, während für Orte **nördlich** von Eisenach jeweils 5 Minuten pro Grad **subtrahiert** werden müssen.

3. Bei Geburten während der **Sommerzeit**, in der die Uhren um eine Stunde vorgestellt wurden, ziehst du eine Stunde von deiner Geburtszeit ab (ehemalige DDR zwei Stunden). In Deutschland gab es Sommerzeiten von 1940 bis 1949 und regelmäßig seit 1980 vom letzten Sonntag im März bis zum letzten Sonntag im September. Ab 1996 dauert die Sommerzeit bis zum letzten Sonntag im Oktober. In Grenzfällen wendest du dich an einen Astrologen oder ziehst ein astrologisches Fachbuch zu Rate.

Mit der auf diese Weise geographisch korrigierten Uhrzeit kann man aus der Tabelle für den entsprechenden Monat den zugehörigen Aszendenten ablesen. Hierzu bildet man den Schnittpunkt der Senkrechten, die dem jeweiligen Geburtstag entspricht, und der Horizontalen, die der korrigierten Uhrzeit entspricht. Dieser Schnittpunkt liegt zwischen zwei Linien, die die 30° des jeweils zutreffenden Aszendenten begrenzen. Den entsprechenden Aszendenten kannst du dann am rechten Rand der Graphik ablesen. Auch kannst du näherungsweise die Gradzahl des Aszendenten abschätzen, wenn du den Abstand der Begrenzungslinien des Aszendenten mit 30° bemisst und die exakte Lage des Kreuzungspunktes zwischen Tages- und Zeitlinie hierauf beziehst.

Diese Graphiken zeigen auch, dass die einzelnen Aszendenten stark variierende Längen besitzen. Demnach werden deutlich mehr Menschen mit Aszendent Löwe geboren als mit Aszendent Fische.

Januar

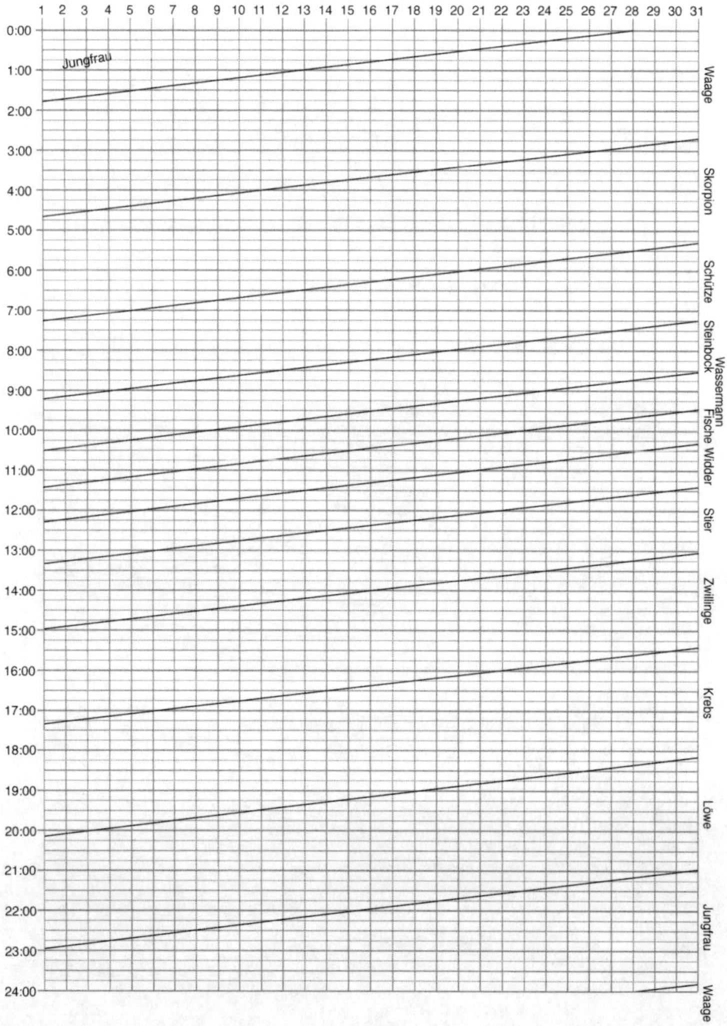
1 2 3 4 5 6 7 8 9 10 11 12 13 14 15 16 17 18 19 20 21 22 23 24 25 26 27 28 29 30 31
0:00
1:00
2:00
3:00
4:00
5:00
6:00
7:00
8:00
9:00
10:00
11:00
12:00
13:00
14:00
15:00
16:00
17:00
18:00
19:00
20:00
21:00
22:00
23:00
24:00
Jungfrau
Waage
Skorpion
Schütze
Steinbock
Wassermann
Fische
Widder
Stier
Zwillinge
Krebs
Löwe
Jungfrau
Waage

Februar

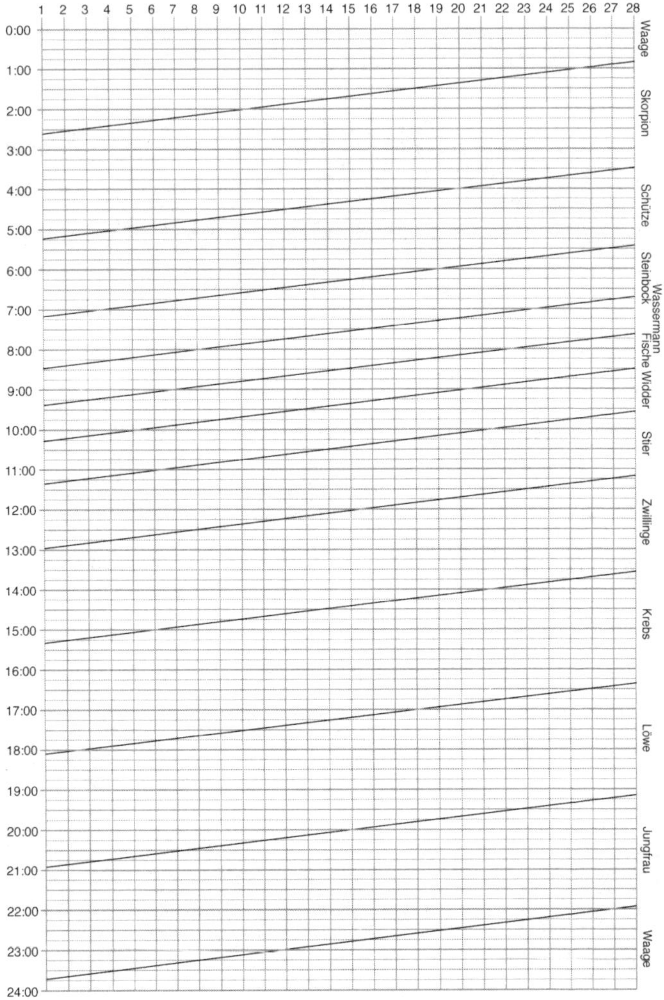
1 2 3 4 5 6 7 8 9 10 11 12 13 14 15 16 17 18 19 20 21 22 23 24 25 26 27 28
0:00
1:00
2:00
3:00
4:00
5:00
6:00
7:00
8:00
9:00
10:00
11:00
12:00
13:00
14:00
15:00
16:00
17:00
18:00
19:00
20:00
21:00
22:00
23:00
24:00
Waage
Skorpion
Schütze
Steinbock
Wassermann
Fische
Widder
Stier
Zwillinge
Krebs
Löwe
Jungfrau
Waage

März

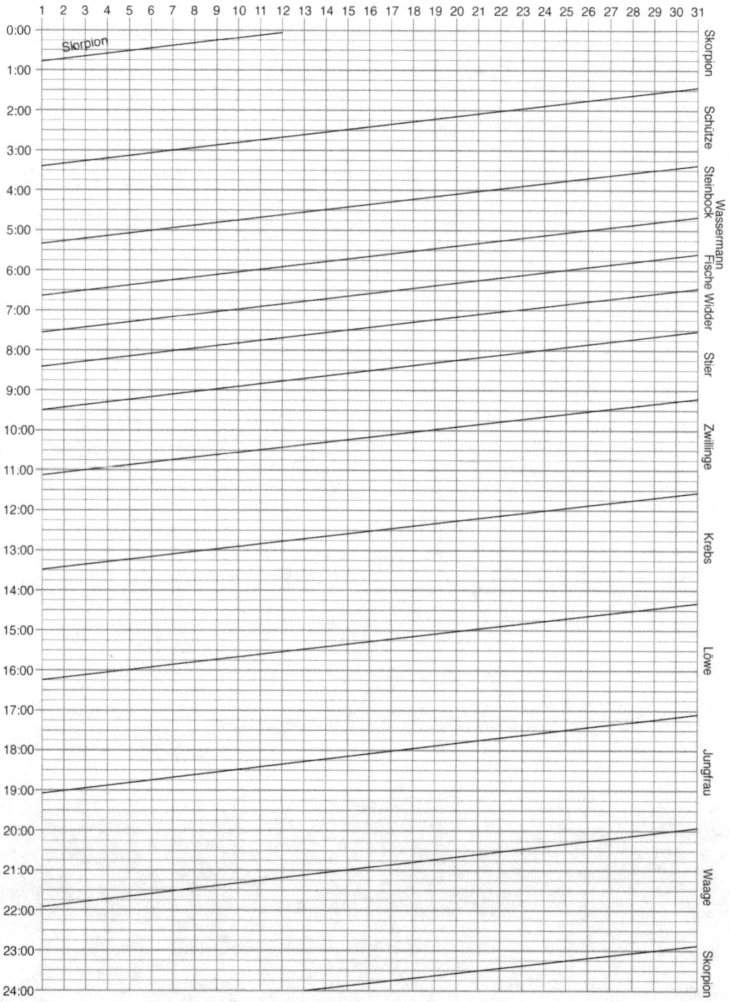
1 2 3 4 5 6 7 8 9 10 11 12 13 14 15 16 17 18 19 20 21 22 23 24 25 26 27 28 29 30 31
0:00
1:00
2:00
3:00
4:00
5:00
6:00
7:00
8:00
9:00
10:00
11:00
12:00
13:00
14:00
15:00
16:00
17:00
18:00
19:00
20:00
21:00
22:00
23:00
24:00
Skorpion
Skorpion
Schütze
Steinbock
Wassermann
Fische
Widder
Stier
Zwillinge
Krebs
Löwe
Jungfrau
Waage
Skorpion

April

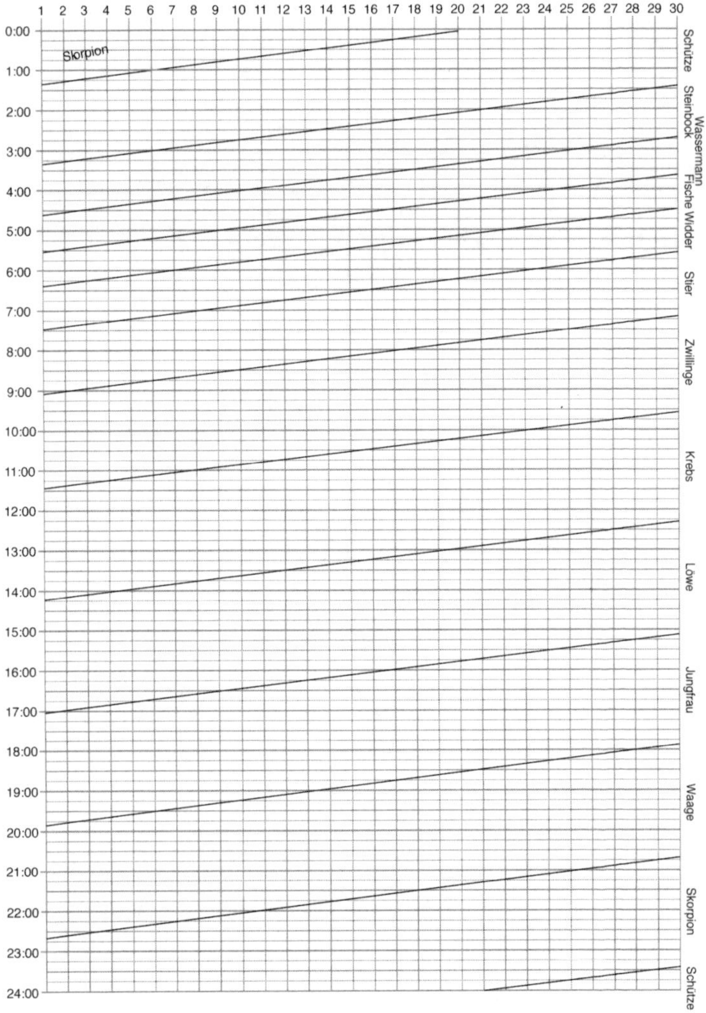
1 2 3 4 5 6 7 8 9 10 11 12 13 14 15 16 17 18 19 20 21 22 23 24 25 26 27 28 29 30
0:00
1:00
2:00
3:00
4:00
5:00
6:00
7:00
8:00
9:00
10:00
11:00
12:00
13:00
14:00
15:00
16:00
17:00
18:00
19:00
20:00
21:00
22:00
23:00
24:00
Skorpion
Schütze
Steinbock
Wassermann
Fische
Widder
Stier
Zwillinge
Krebs
Löwe
Jungfrau
Waage
Skorpion
Schütze

Mai

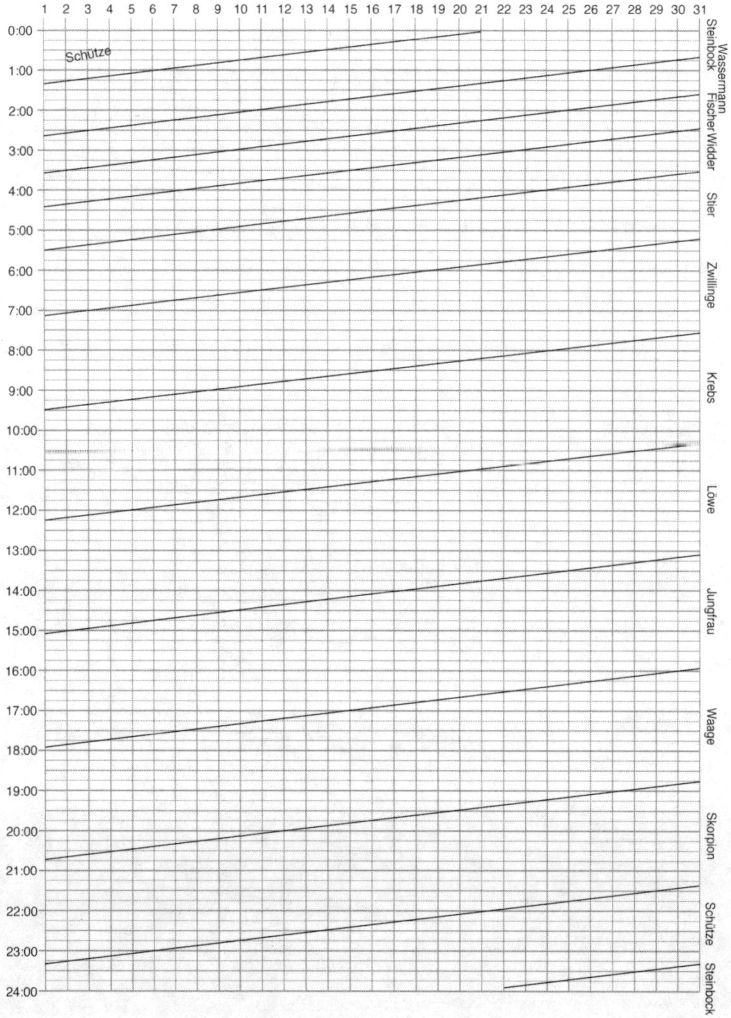

1 2 3 4 5 6 7 8 9 10 11 12 13 14 15 16 17 18 19 20 21 22 23 24 25 26 27 28 29 30 31
0:00 1:00 2:00 3:00 4:00 5:00 6:00 7:00 8:00 9:00 10:00 11:00 12:00 13:00 14:00 15:00 16:00 17:00 18:00 19:00 20:00 21:00 22:00 23:00 24:00
Schütze
Steinbock
Wassermann
Fischer
Widder
Stier
Zwillinge
Krebs
Löwe
Jungfrau
Waage
Skorpion
Schütze
Steinbock

Juni

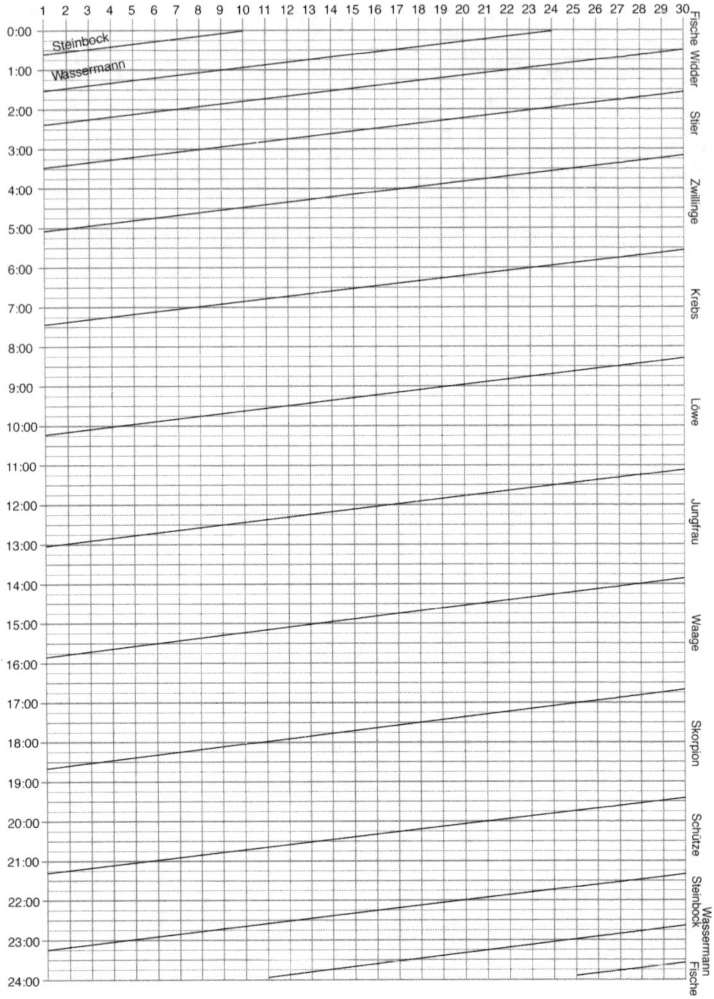
1 2 3 4 5 6 7 8 9 10 11 12 13 14 15 16 17 18 19 20 21 22 23 24 25 26 27 28 29 30
0:00 1:00 2:00 3:00 4:00 5:00 6:00 7:00 8:00 9:00 10:00 11:00 12:00 13:00 14:00 15:00 16:00 17:00 18:00 19:00 20:00 21:00 22:00 23:00 24:00
Steinbock
Wassermann
Fische
Widder
Stier
Zwillinge
Krebs
Löwe
Jungfrau
Waage
Skorpion
Schütze
Steinbock
Wassermann
Fische

Juli

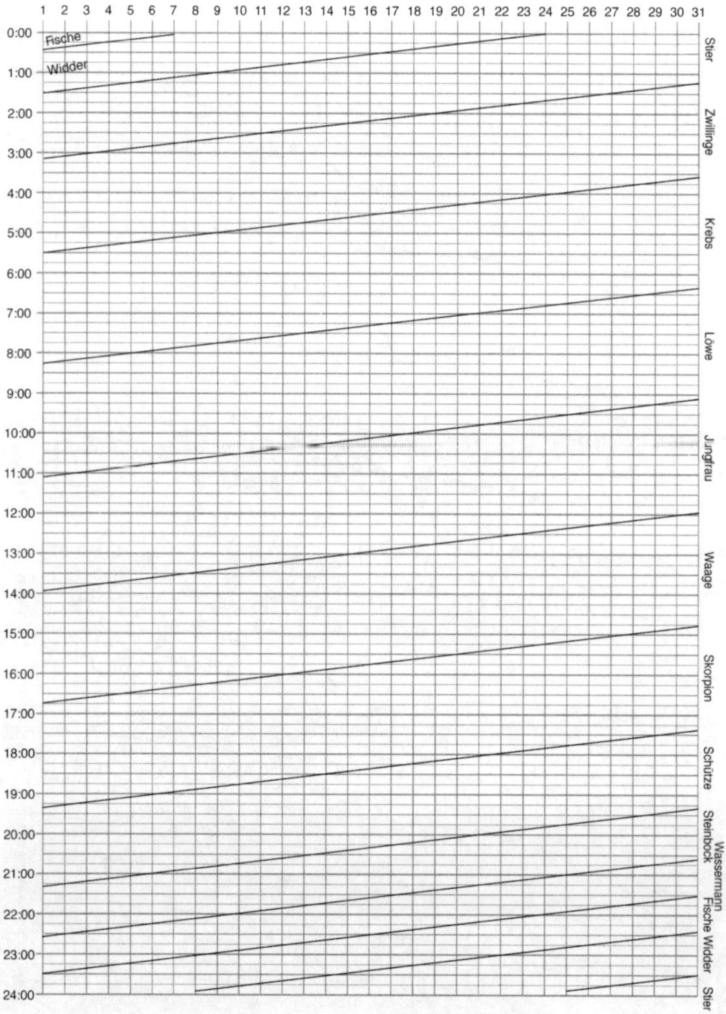

1 2 3 4 5 6 7 8 9 10 11 12 13 14 15 16 17 18 19 20 21 22 23 24 25 26 27 28 29 30 31
0:00 1:00 2:00 3:00 4:00 5:00 6:00 7:00 8:00 9:00 10:00 11:00 12:00 13:00 14:00 15:00 16:00 17:00 18:00 19:00 20:00 21:00 22:00 23:00 24:00
Fische
Widder
Stier
Zwillinge
Krebs
Löwe
Jungfrau
Waage
Skorpion
Schütze
Steinbock
Wassermann
Fische
Widder
Stier

August

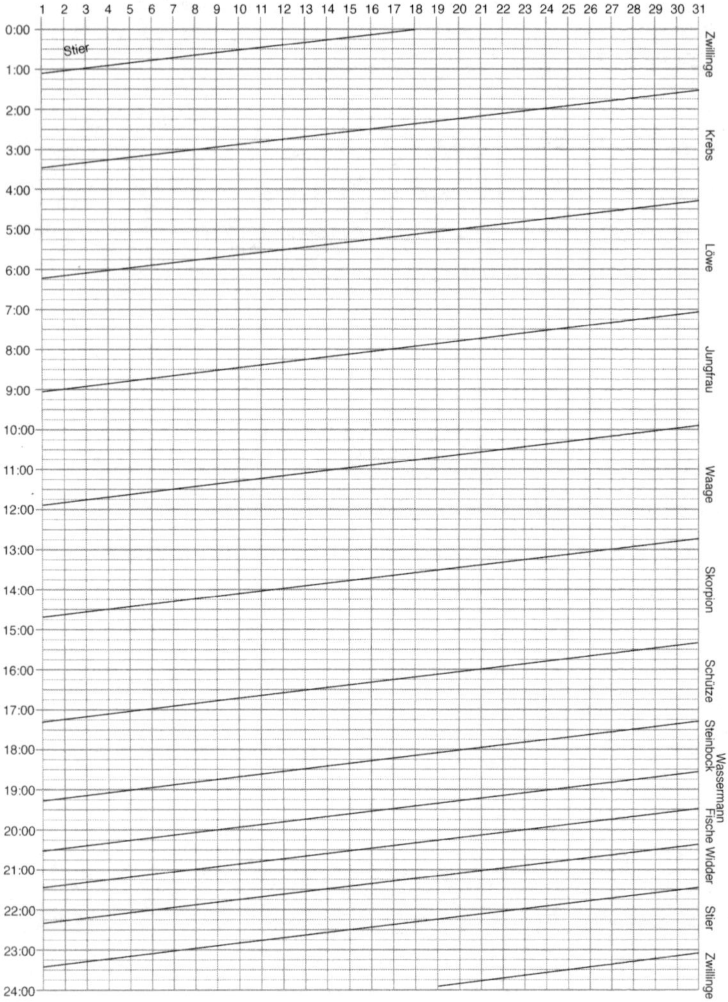
1 2 3 4 5 6 7 8 9 10 11 12 13 14 15 16 17 18 19 20 21 22 23 24 25 26 27 28 29 30 31
0:00
1:00
2:00
3:00
4:00
5:00
6:00
7:00
8:00
9:00
10:00
11:00
12:00
13:00
14:00
15:00
16:00
17:00
18:00
19:00
20:00
21:00
22:00
23:00
24:00
Stier
Zwillinge
Krebs
Löwe
Jungfrau
Waage
Skorpion
Schütze
Steinbock
Wassermann
Fische
Widder
Stier
Zwillinge

September

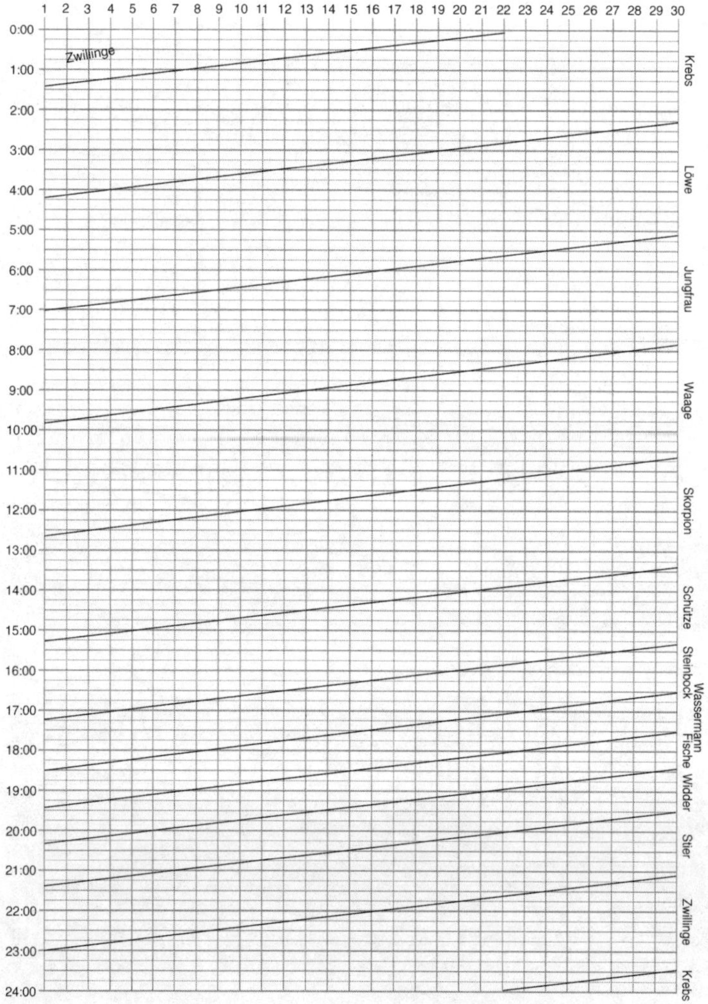

1 2 3 4 5 6 7 8 9 10 11 12 13 14 15 16 17 18 19 20 21 22 23 24 25 26 27 28 29 30
0:00
1:00
2:00
3:00
4:00
5:00
6:00
7:00
8:00
9:00
10:00
11:00
12:00
13:00
14:00
15:00
16:00
17:00
18:00
19:00
20:00
21:00
22:00
23:00
24:00
Zwillinge
Krebs
Löwe
Jungfrau
Waage
Skorpion
Schütze
Steinbock
Wassermann
Fische
Widder
Stier
Zwillinge
Krebs

Oktober

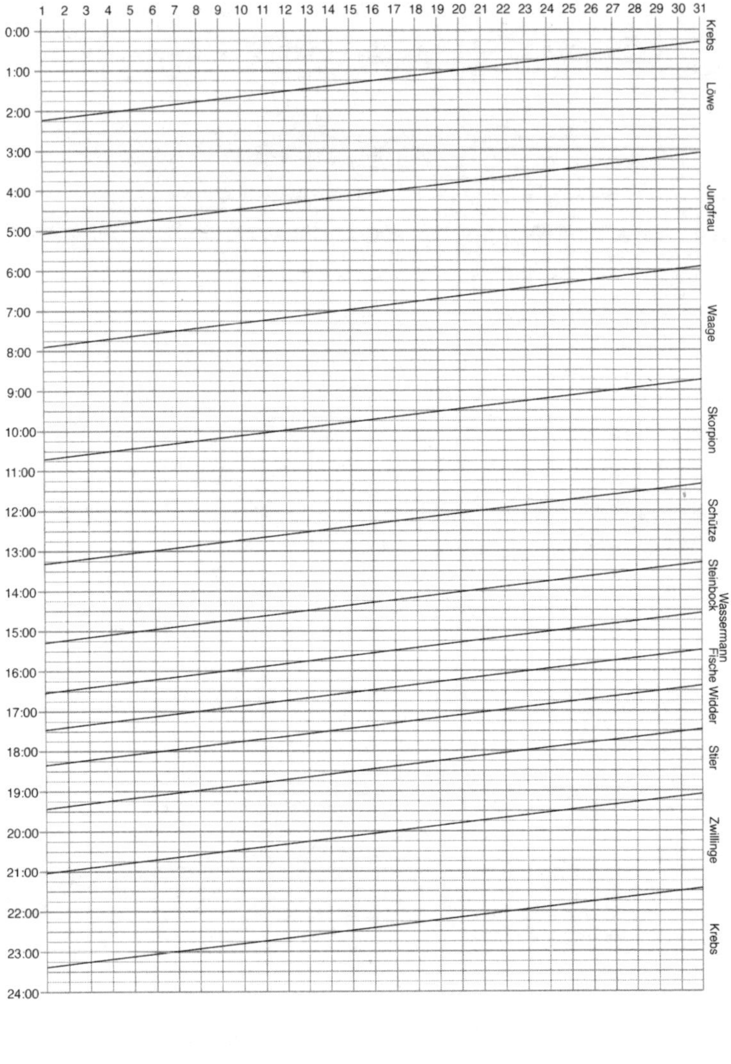
1 2 3 4 5 6 7 8 9 10 11 12 13 14 15 16 17 18 19 20 21 22 23 24 25 26 27 28 29 30 31
0:00 1:00 2:00 3:00 4:00 5:00 6:00 7:00 8:00 9:00 10:00 11:00 12:00 13:00 14:00 15:00 16:00 17:00 18:00 19:00 20:00 21:00 22:00 23:00 24:00
Krebs
Löwe
Jungfrau
Waage
Skorpion
Schütze
Steinbock
Wassermann
Fische
Widder
Stier
Zwillinge
Krebs

November

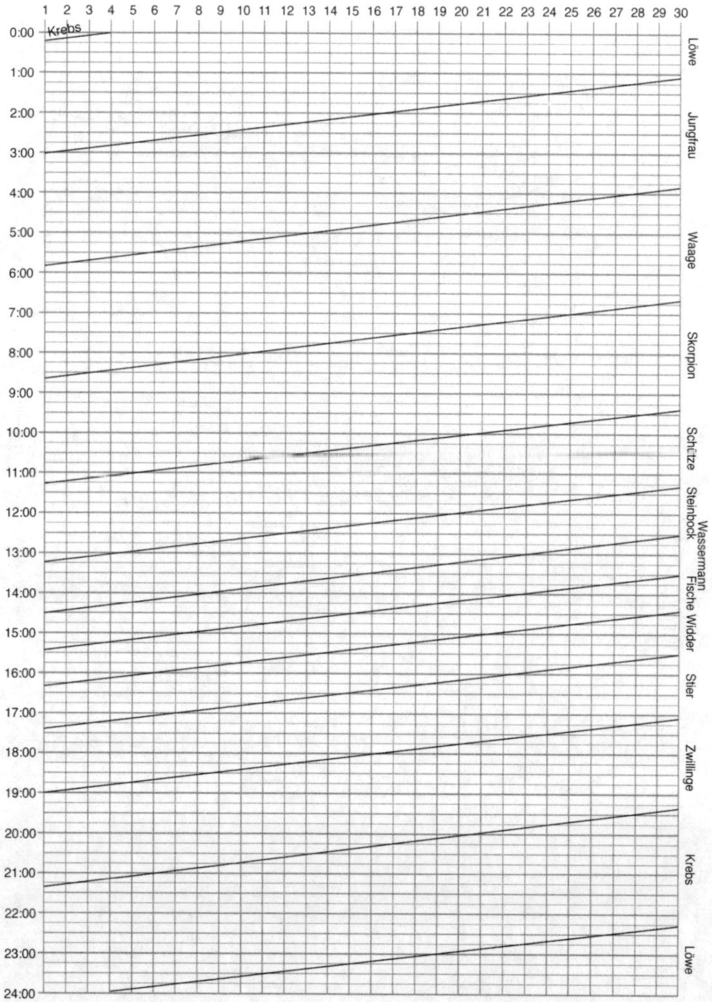
1 2 3 4 5 6 7 8 9 10 11 12 13 14 15 16 17 18 19 20 21 22 23 24 25 26 27 28 29 30
0:00 1:00 2:00 3:00 4:00 5:00 6:00 7:00 8:00 9:00 10:00 11:00 12:00 13:00 14:00 15:00 16:00 17:00 18:00 19:00 20:00 21:00 22:00 23:00 24:00
Krebs
Löwe
Jungfrau
Waage
Skorpion
Schütze
Steinbock
Wassermann
Fische
Widder
Stier
Zwillinge
Krebs
Löwe

Dezember

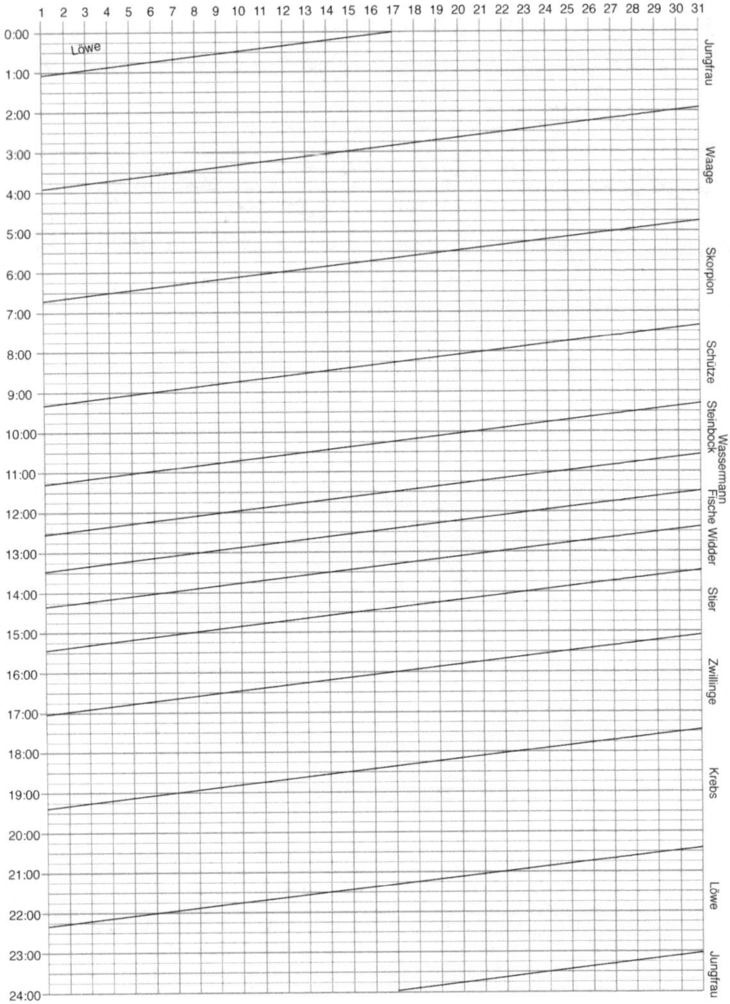
1 2 3 4 5 6 7 8 9 10 11 12 13 14 15 16 17 18 19 20 21 22 23 24 25 26 27 28 29 30 31
0:00
1:00
2:00
3:00
4:00
5:00
6:00
7:00
8:00
9:00
10:00
11:00
12:00
13:00
14:00
15:00
16:00
17:00
18:00
19:00
20:00
21:00
22:00
23:00
24:00
Löwe
Jungfrau
Waage
Skorpion
Schütze
Steinbock
Wassermann
Fische
Widder
Stier
Zwillinge
Krebs
Löwe
Jungfrau

Über den Autor

Marcus Schmieke, geboren 1966 in Oldenburg, ist mit seinen zahlreichen Büchern der Pionier des Vastu in Europa und der Begründer des Vasati. Nach seinem Studium der Physik in Hannover und Heidelberg unternahm er längere Studienreisen nach Indien, wo er in Klöstern nach seiner Einweihung in eine vedische Schülernachfolge unter anderem Vastu, vedische Astrologie, Sanskrit und vedische Philosophie und Metaphysik studierte. Sein Vastu-Studium absolvierte er mit Auszeichnung an dem angesehenen südindischen Institut ***Vastuvidyapratisthanam***. Die vedische Astrologie studierte er bei verschiedenen Meistern Nordindiens.

Dieses Lehrbuch über Systemisch-Vedische Astrologie ist das Ergebnis seines eigenen vieljährigen intensiven Weges durch den Dschungel der vedischen Astrologie. Sowohl bei seinen Indienreisen als auch bei seinem Studium der vedischen Schriften begegnete Marcus Schmieke Dutzenden astrologischer Systeme und Lehrer, doch keines dieser Systeme konnte seine zwei wichtigsten Ansprüche zufrieden stellen: Er suchte nach einem System, das erstens widerspruchsfrei und praktisch anwendbar ist und zweitens innerhalb einer überschaubaren Zeit vollständig vermittelbar ist. Erst durch die Begegnung mit zwei wichtigen Lehrern hat sich dieser Dschungel vollständig gelichtet.

Mit der Systemisch-Vedischen Astrologie fasst Marcus Schmieke die Lehren zweier der größten zeitgenössischen Meister vedischer Astrologie zu einem praktischen System zusammen, das sich in ein bis zwei Wochen vermitteln und verstehen lässt und gleichzeitig einen tiefen spirituellen Hintergrund besitzt. Die besonderen Eigenschaften dieser Synthese sind:

1) Die Konzentration auf weniger als 10% der in einem Horoskop enthaltenen Informationen erbringt mehr als 90% Effektivität in der Vorhersage wichtiger Lebensereignisse.
2) Die vollständigen Grundlagen der Systemisch-Vedischen Astrologie können innerhalb von 7 Tagen erlernt werden.

3) Für jede karmische Schwäche, die im Horoskop eines Menschen entdeckt wird, stehen wirkungsvolle vedische Hilfsmittel zur Verfügung, um die negativen Einflüsse zu reduzieren und die positiven zu stärken.

Im Jahre 1994 gründete Marcus Schmieke die Zeitschrift *Tattva Viveka* als Forum für Wissenschaft, Philosophie und spirituelle Kultur, worauf einige Buchveröffentlichungen über Naturwissenschaft, Lebensprozesse und Bewusstsein folgten (*Das letzte Geheimnis* 1995, *Das Lebensfeld* 1997, *Feinstoffliche Energien in Naturwissenschaft und Medizin* 1997).

Mit der Gründung der Veden-Akademie auf Schloss Weißenstein 1996 schuf er ein Institut zur Integration von Wissenschaft und Spiritualität, das sich über die Grenzen Deutschlands hinweg einen Namen machte. Seit 1998 in der Sächsischen Schweiz ansässig, konzentriert sich die Forschung und Lehre der Veden-Akademie vor allem auf Vasati, Vastu, Ayurveda, Sanskrit und vedische Astrologie (Jyotish).

Marcus Schmiekes umfassendstes Vastu-Buch *Die Kraft lebendiger Räume* ist zu einem Standardwerk des Vastu in deutscher Sprache geworden. In seinem Buch *Die 12 Erfolgsgesetze des richtigen Wohnens* formulierte er zum ersten Mal die 12 Naturgesetze der Baukunst. Auf der Grundlage dieses offenen Systems der Baukunst entwickelte er die erste Vasati-Ausbildung und das erste Vasati-Fernstudium Europas. Er betreut Vasati-Studenten in mehr als zehn Ländern. Seine sieben Bücher zu diesem Thema sind in mehr als 12 Sprachen übersetzt worden und selbst in Indien, dem Ursprungsland des Vastu, erschienen.

Neben seiner Arbeit als Ausbilder für Vasati und vedische Astrologie, Autor und Wissenschaftler ist Marcus Schmieke heute vor allem als Planer von Vasati-Häusern in der ganzen Welt tätig und führt auch international Beratungen durch.

Literaturhinweise

Astrologie

Schmieke, M., *Vedische Astrologie in sieben Tagen,* Windpferd Aitrang 2002

Sanjay Rath, *Vedic Remedies in Astrology,* Sagar Publications Delhi, 1999

Choudhry, V.K., *Predictive Techniques and the application of astrological remedial measures,* Sagar Publications 1997

Vasati

Schmieke, M., *Die 12 Erfolgsgesetze richtigen Wohnens,* Windpferd Aitrang 2001

Schmieke, M., *Haus, Mensch und Kosmos, Wie Vastu unsere Zukunft beeinflusst,* Silberschnur Güllesheim 1999

Schmieke, M., *Die Kraft lebendiger Räume, Das große Vastu-Buch,* AT-Verlag Aarau, Stuttgart 2000

Schmieke, M., *Vasati und Ayurveda – Gesund durch Wohnen mit dem modernen Vastu,* Vedasan Taunusstein 2000

Schmieke, M., *Vastu, Gesund und harmonisch Wohnen,* Falken Verlag, Niedernhausen 2000

Schmieke, M., *Das Vastu-Praxisbuch, 108 Schritte zu mehr Wohn- und Lebensqualität,* Silberschnur Güllesheim 1999

Schmieke, M., *Das Yoga des Wohnens, Wohnen und Bauen nach den Gesetzen des Vastu,* Silberschnur Güllesheim 1999

Wissenschaft

Schmieke, M. (Hrsg.), *Feinstoffliche Energien in Naturwissenschaft und Medizin,* INES-Verlag, Weißenstein 1997

Schmieke, M., *Das Lebensfeld, Naturwissenschaftliche Grundlagen einer spirituellen Auffassung vom Leben,* INES-Verlag, Weißenstein 1997

Schmieke, M., *Das letzte Geheimnis, Naturwissenschaft und Bewusstsein,* INES-Verlag, Frankfurt M. 1995

Vedisches Wissen

Bhagavad-gita Wie sie ist, A.C. Bhaktivedanta, Swami Prabhupada, Bhaktivedanta Book Trust, Vaduz 1987

Shrimad Bhagavatam, A.C. Bhaktivedanta Swami Prabhupada, Bhaktivedanta Book Trust, Vaduz 1983

Adressen und Bezugsquellen

Informationen zu den Ausbildungen des Autors und Unterstützung für die Durchführung der in diesem Buch beschriebenen Vorgänge sind entweder bei der Veden-Akademie oder bei Vedasan erhältlich. Wünschst du die Anfertigung eines individuellen Kavaca-Horoskops, wende dich bitte direkt an den Autor:

Veden-Akademie «Burg Schöna»
Marcus Schmieke
Hirschgrund 94
01814 Schöna
Tel. 035028-85855 · Fax 035028-85851
Marcus.Schmieke@t-online.de
www.vasati.de und www.vedic-academy.com

Das in dem Buch beschriebene Silber-Kavaca und die farbigen Yantra-Drucke erhältst du bei der Firma Vedasan:

Vedasan GmbH
Rudolf-Dietz-Str. 13
65232 Taunusstein
Tel. 0180-5258356
Fax 06128-41098
www.vedasan.de

Bitte erfrage günstige Zeitpukte zum Anlegen von Edelsteinen und Kavacas schriftlich beim Autor.

Im Fall von Adressänderungen können die jeweils aktuellen Adressen beim Verlag unter www.windpferd.com über den Menüpunkt „Service-Adressen" unter dem Titel dieses Buches abgerufen werden.

Ausbildungen der Veden-Akademie «Burg Schöna»

Systemisch-Vedische Astrologie

Die Wirkung der Zeit verstehen und beeinflussen

Die Astrologie gilt in der vedischen Kultur als die Königin der Wissenschaften. Alle anderen Aspekte der Wissens- und Lebensbereiche hängen von ihr ab. Sowohl Vasati als auch Ayurveda und die Rezitation von Mantras werden traditionellerweise auf der Grundlage astrologischer Analysen praktiziert.

Diese Ausbildung vermittelt die vollständigen Grundlagen, die man benötigt, um die vedische Astrologie sowohl im privaten Bereich als auch professionell anzuwenden.

Diese Behauptung ist erstaunlich, da es in der herkömmlichen indischen Astrologie nicht möglich ist, sich eine arbeitsfähige Grundlage innerhalb weniger Monate zu erarbeiten.

Die Systemische Vedische Astrologie ermöglicht dies jedoch, weil sie sich auf weniger als 10 % der aus einem Horoskop ersichtlichen Informationen konzentriert und mit deren Hilfe über 90 % Effektivität in der Interpretation ableitet. Die Ausbildung ist wie das Vasati-Studium in zwei Teile untergliedert:

7-Tage-Seminar Systemisch-Vedische Astrologie I und Praktikum zu Hause

- Grundlagen der Systemisch-Vedischen Astrologie
- Individuelle Korrekturmittel für negative Planeteneinflüsse
- Zeitliche Manifestation des Karma nach planetaren Perioden
- Zeitliche Manifestation nach Transiten

7-Tage-Seminar Systemisch-Vedische Astrologie II und Diplomarbeit

- Grundlagen der medizinischen Astrologie
- Untercharts für alle Lebensbereiche
- Yogas und klassische Planetenkombinationen; Nakshatras; vedische Mondastrologie usw.
- Spirituelle Astrologie

Das Besondere an der Systemisch-Vedischen Astrologie ist die Beschränkung auf das Wesentliche, was ermöglicht, dass diese komplexe Wissenschaft in kurzer Zeit erlernt werden kann.

Ausbildungs- und Seminarleiter: Marcus Schmieke

Vasati

Die 12 Naturgesetze des gesunden Wohnens und Bauens

Vasati ist die moderne Form des Vastu, dem indischen Ursprung des Feng Shui. Es ist ein komplexes und doch klares System, im Einklang mit den Naturgesetzen zu wohnen und zu bauen, das auf den jahrtausendealten Überlieferungen des Vastu und den Erkenntnissen der modernen Naturwissenschaften basiert.

In den zwei Seminarwochen, dem Praktikum und der Diplomarbeit dieser Intensiv-Ausbildung erlernt der Student alles, was er zur Beurteilung und Korrektur einer Wohnung und zur Planung eines Hauses nach Vasati wissen muss.

Vasati-Berater

7-Tage-Seminar Vasati I und Praktikum zu Hause

- Die 12 Naturgesetze des Vasati
- Die Astrologie des Wohnraumes
- Korrektur von Wohnungen auf 9 Ebenen
- Analyse und Korrektur des eigenen Grundrisses

Dieser Ausbildungsabschnitt qualifiziert den Absolventen dazu, professionell Wohnungen und Häuser nach Vasati zu beurteilen und sowohl mit physischen als auch mit feinstofflichen Mitteln zu korrigieren.

Vasati-Planer

7-Tage-Seminar Vasati II und Diplomarbeit zu Hause

- Proportionen und Maße im Bau
- Der Vasati-Design-Prozess
- Energiegitternetze und heilige Geometrie im Bau
- Planung des eigenen Wunschhauses nach Vasati

Der Vasati-Planer befähigt den Absolventen dazu, Gebäude nach Vasati zu planen beziehungsweise Architekten und Bauherren bei der Planung zu beraten. Die gesamte Ausbildung kann in sechs bis zwölf Monaten abgeschlossen werden und wird mit den beiden Diplomen Vasati-Berater und Vasati-Planer des Veden-Akademie e.V. honoriert.

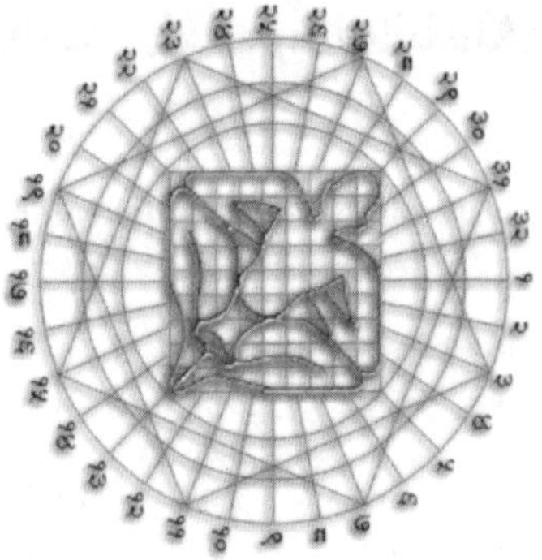

Die Vasati-Ausbildung kann bei gleichem Inhalt auch in Form eines Fernstudiums absolviert werden.

Ausbildungs- und Seminarleiter:
Marcus Schmieke

Veden Akademie
Hirschgrund 94
01814 Schöna
Tel. 035028-80088
Fax 035028-80089
akademie@vedic-academy.com
www.vasati.de